W0338019

Günter Hager

FUCKING GASTRO

LWmedia
VERLAG

Günter Hager
FUCKING GASTRO – Frontberichte über den täglichen Wahnsinn Gastronomie
1. Auflage 2016
Medieninhaber und Herausgeber: LW Werbe- und Verlags GmbH, www.lwmedia.at, Wien–Krems
Geschäftsführer: Erwin Goldfuss
Projektleitung: Mag. (FH) Claudia Altrichter
Redaktion: Fritz Gillinger
Gestaltung & Illustration: Martin Bauer, Artdirector; Christina Plener, BA
Druck und Bindung: Druckerei Janetschek GmbH
© Coverfotos: Karoline Grubbauer, Shutterstock
© Fotos: Markus Litzlbauer
Alle Rechte vorbehalten.
© 2016 LW Werbe- und Verlags GmbH

ISBN 978-3-9504163-2-9

Günter Hager

FUCKING GASTRO

FUCKING GASTRO

Ein Buch voller Leidenschaft. Sehr persönliche „Frontberichte über den täglichen Wahnsinn, ein Wirt zu sein“. Nachdenkliche, aufregende und auch schockierende Erlebnisse vom täglichen Überlebenskampf einer „aussterbenden Spezies“ gegen Bürokratie, Politik und Ignoranz. Ein Buch, das viele begrüßen, manche verärgern, aber niemanden kaltlassen wird.

Günter Hager

Der 1955 in Wels (OÖ) geborene und im Almtal aufgewachsene Günter Hager war einer der ersten Haubenköche Österreichs. Sein Fachwissen holte sich der gelernte Koch bei Sterne-Größen wie Werner Matt oder Gerhard Gartner. Hager zählt zu den Pionieren der österreichischen Haubenküche, 10 Jahre lang führte er das „Allegro", das erste Haubenrestaurant von Linz. Seit 1997 ist Günter Hager Chef des Wirtshauses und Szenelokals „Josef" in Linz. Neben seiner Leidenschaft für Gastgeberschaft und Unternehmertum setzt sich Hager seit 2006 für soziale Projekte in Tibet ein. Er ist Gründer zweier tibetischer Waisenhäuser sowie eines Altersheimes für tibetische Bergnomaden. Günter Hager ist verheiratet und lebt mit seiner Frau Monika im Mühlviertel. Sohn Andreas ist ebenfalls in der Gastronomie tätig.

Ich widme dieses Buch …

… meinem VATER, der mir immer wieder in Erinnerung rief: „Bua, sei ehrlich und gerade." Meiner MUTTER, die durch ihre häusliche und bergbäuerliche Gastfreundschaft den Anstoß für meine Berufswahl gab. Meiner Frau MONIKA, ohne deren Unterstützung ich die Besessenheit für den Beruf Wirt nie hätte ausleben können. Meinem Sohn ANDREAS, der meine 45-jährige Laufbahn als Wirt fortsetzen möchte. (Auch wenn ich nicht weiß, ob ich ihm das reinen Herzens empfehlen kann.) Meinen vielen treuen MITARBEITERN, die mich in all den Jahren mit unendlichem Fleiß und Engagement bei der Ausübung dieses brutalen und – trotz allem – schönsten Berufs der Welt unterstützt haben. Den vielen WIRTINNEN und WIRTEN, die so wie ich weiterhin gegen die Besserwisser und ehrgeizigen Erfinder tausender neuer Auflagen und Gesetze ankämpfen und sich damit der Zerstörung unserer jahrhundertealten Wirtshaus- und Kaffeehauskultur entgegenstellen. Ganz besonders aber widme ich dieses Buch jenen hunderttausenden Menschen, denen ich nicht nur meine wirtschaftliche Existenz, sondern auch unzählige persönlich wertvolle Momente verdanke: meinen GÄSTEN!

Günter Hager, Wirt

Liebe Gäste und Gästinnen!

Alle Gender-Beauftragten und Binnen-I-Wächter mögen verzeihen: Aber für das mühsame Auseinanderklauben von Mitarbeiterinnen und Mitarbeitern, von Köchinnen und Köchen, von Finanzbeamten und Finanzbeamtinnen, von Gästen und Gästinnen und so weiter fehlten mir, ehrlich gesagt, Zeit und Geduld. Deshalb betrachten Sie in jeder männlichen Form von Hauptwörtern auch das weibliche Geschlecht mitberücksichtigt. Außer beim Wort „Rauchersheriff". In dieser seltsamen Vernaderer-Truppe hatte ich es bisher ausschließlich mit Männern zu tun.

VORWORT

Letzter Aufschrei einer aussterbenden Spezies

Warum ich dieses Buch schreibe? Weil es dieses Buch braucht, meine ich. Was ich in den letzten 45 Jahren als Koch und Gastwirt erlebt habe, entspricht dem Fronteinsatz eines Elitesoldaten im Krieg, und darüber muss berichtet werden.

Warum ich dieses Buch FUCKING GASTRO nenne? Diese zwei Wörter bringen meine Wut über die Zustände am besten auf den Punkt. Die wahren Herausforderungen, mit denen wir Wirte uns heute nämlich herumschlagen, sind der Kampf mit Behörden im Dschungel der tausenden neuen Auflagen und die Unmenge an unverständlichen Gesetzen, fabriziert von EU und unfähigen Politikern. Übertroffen wird das Ganze noch von den permanenten und immer kostspieligeren Mitarbeiterproblemen.

Der eigentliche Job des Gastronomen, sich um das Wohl der Gäste zu kümmern, tritt mit jeder neuen Verordnung, mit jeder zusätzlichen Auflage, mit jedem Anwachsen der Bürokratie mehr und mehr in den Hintergrund.

Als betroffener Wirt oder Hotelier versucht man vielleicht, sich anfänglich noch durch Gespräche mit Gästen zu beruhigen. Man erntet hier auch meist Zustimmung, aber – verstehen, wirklich verstehen können und wollen die Gäste die Probleme der Gastronomie selten. Ist ja auch verständlich, denn schließlich erwarten sie sich von einem Gasthausbesuch eine sorgenfreie Zeit und nicht einen „ewig jammernden" Wirt. Dass dieses „Jammern" in Wirklichkeit der letzte Aufschrei einer aussterbenden Spezies namens Wirt ist, ist vielen nicht bewusst.

Ich selbst habe die Branche nicht nur als Unternehmer und Wirt kennengelernt, sondern von allen Seiten. Durch mein gewerkschaftliches Engagement brachte ich es zum Betriebsratsobmann eines Linzer 200-Betten-Hotels, aber auch in der Wirtschaftskammer war ich als Funktionär tätig. Genützt haben mir diese standespolitischen Einsätze nie, geschadet des Öfteren. Tagelange Gewerkschaftsmeetings und in meinen Augen sinnlose Parteisitzungen waren nie mein Ding. Die von „oben" angeordnete Ablöse als Fachgruppenmitglied der oberösterreichischen Gastronomie durch einen „nicht deutsch" sprechenden chinesischen Wirt war schließlich der Auslöser, mich aus der offiziellen Standespolitik zurückzuziehen. Als einsamer, streitbarer Wolf fühlte ich mich ohnehin immer schon wohler. Mit einigen sehr engagierten Kollegen in dieser Organisation pflege ich aber heute noch gute Kontakte, viele von ihnen sind inzwischen liebe Freunde und sehr engagierte Mitstreiter geworden.

In vielen Dingen war ich der Zeit voraus. Nicht immer ein Vorteil! Die Folgen meiner ständigen Kritik an unserem wirtschaftspolitischen System brachten mir als jungem Unternehmer meist nur intensive Kontrollbesuche der ehemaligen Gewerkschaftskollegen ein. Die meisten konnte ich mit ausreichend Alkohol – nicht für mich, wohlgemerkt (!) – abwehren.

Meinen bis heute andauernden Kampf um mehr Aufmerksamkeit gegenüber den wachsenden Belastungen und steuerlichen Ungerechtigkeiten in der Gastronomie konnte ich von außerhalb weit besser und effizienter führen. In den „Sozialen Medien" wie Facebook & Co. fand ich freiere und reichweitenstärkere Möglichkeiten, mich auszudrücken, als ich sie je zuvor hatte. Bald hatte ich auf drei Facebook-Accounts rund 20.000 Follower. Darunter viele Gleichgesinnte und Unterstützer, aber auch politische Spione aller Parteien, die mich auf diesem Weg permanent und genauestens observieren konnten. Dass ich meine Botschaften mit unfreiwilliger Hilfe dieser emsigen Spione viel effektiver ins Zentrum der Macht liefern konnte, war den Vernaderern vor lauter Parteitreue lange nicht aufgefallen.

Immer frecher wurden meine Postings zur aktuellen Lage der Gastronomie. Die nächsten Wahlen waren nicht mehr weit, Vizekanzler und Landeshauptmann reagierten und baten um Besprechungstermine. Heute wage ich zu behaupten: Meine kleine kritische „Gastronomen-Spezialeinheit" – zusammengewürfelt aus mutigen und streitbaren Wirtskollegen aus ganz Österreich – sowie die vielen ähnlich kritisch denkenden mittelständischen Unternehmer Österreichs haben so manchem Minister und Landeshauptmann einen nicht unwesentlichen Anteil an Wählerstimmen gekostet.

„Macht die Rechnung nicht ohne die Wirte!" – der „Schlachtruf", der unseren gastronomischen Fronteinsatz in den letzten Jahren begleitete, konnte zwar viele Belastungen nicht verhindern, aber die Verantwortli-

chen überlegen es sich heute zweimal, ob sie sich mit den Letzten unserer Branche anlegen wollen.

In diesem Buch erzähle ich über alltägliche Herausforderungen eines Gastwirtes, über den Stress im Job, über Probleme mit Mitarbeitern, über finanzielle Schwierigkeiten. Ich tue das vor dem Hintergrund einer langen Erfahrung in dieser Branche und um so manchem Kritiker und Besserwisser die Möglichkeit zu geben, einmal zu erkennen, was in der Gastronomie tatsächlich läuft. Als gastronomischer Haudegen an vorderster Front will ich meiner Branche mit diesem Buch helfen, will aufzeigen, was meine Kollegen und mich wirklich bewegt. Und ich nehme mir anhand der Dringlichkeit der Situation auch kein Blatt mehr vor den Mund.

Denn eines scheint traurige Gewissheit: Eine Branche ist im Begriff zu verschwinden, ihre jahrhundertealte Kultur droht auszusterben wie damals die Dinosaurier. Schon heute ist ein regionales Wirtshaus mit einem Wirt an der Front ähnlich schwer zu finden wie eine Greißlerei, ein Bäcker oder ein Fleischer.

Mögen meine Erlebnisse und Gedanken in diesem Buch die Verhinderer des Fortbestands unserer traditionsreichen Wirtshauskultur aufwecken und sie erkennen lassen, welches Verbrechen sie an diesem für unser Land so wichtigen Kulturgut begehen. Und mögen meine Zeilen vor allem auch eine Mut gebende Botschaft sein, für die vielen meiner Kollegen sowie deren treue Mitarbeiter, die ums nackte Überleben kämpfen.

Ich bin überzeugt: Um die Ungeheuerlichkeiten aufzuzeigen, mit denen sich die Letzten der Gastrobranche herumschlagen müssen, und um sie zu überwinden, hilft nur ein Buch ohne Wenn und Aber. FUCKING GASTRO soll dieses Buch sein.

Eine spannende, unterhaltsame und informative Lektüre wünscht

Günter Hager, Wirt

FUCKING GASTRO Nr. 2?

An alle, die sich durch dieses Buch angesprochen, beleidigt, animiert, auf den Schlips getreten, bestätigt oder missverstanden fühlen: Vielleicht wird es ja eine Fortsetzung von FUCKING GASTRO geben? Mit Beschwerden, mit Lob und mit weiteren Erlebnissen aus meinem gastronomischen Alltag. Die Themen gehen mir bestimmt nicht aus.

„Wenn man Beamten vorschlägt, einmal über den eigenen Tellerrand hinauszublicken, nehmen sie einfach einen größeren Teller."

Tom Clancy, Schriftsteller

I. WENN DER AMTSSCHIMMEL WIEHERT

Registrierkasse

Finanzfahnder

Arbeitsinspektorat

Pflichtmitgliedschaft

Rauchersheriff

Finanzpolizei: kugelsicher zum Wirt

Für die „viel geliebte" Tourismusbranche ist unserem Vater Staat nichts zu teuer. Alleine zur Korruptionsbekämpfung wurden hier in den letzten Jahren bis zu 500 Finanzler zusätzlich eingestellt, um jenes fehlende Geld wieder einzutreiben, das zuvor Generationen von Politikern verschwenderisch ausgegeben hatten. Postangestellte und Grenzbeamte werden im Schnellkurs zu Finanzfahndern umgeschult, frühpensionierte Finanzbeamte mit verlockenden Gehaltsversprechen aus ihrer Pension zurückgeholt. Und alle werden sie gemeinsam auf die „höchst gefährlichen Gastro-Finanzverbrecher" losgelassen. Wir Wirte sind es ja schon gewohnt, vom Staat für grundsätzlich böse, hinterlistig, korrupt und einfach „deppat" gehalten zu werden.

So begab es sich etwa, dass rund 40 Finanzbeamte in kugelsicheren Westen, mit geladenen Pistolen bewaffnet, frühmorgens einen Gastrobetrieb überfielen – Verzeihung – kontrollierten. Und das an drei Einsatzorten gleichzeitig, denn auch das Privathaus des Wirts und die Wohnung der geschiedenen Gattin und der gemeinsamen Tochter wurden visitiert. Selbst die intimsten Details aus den Nachtkästchen der Damen gelangten dabei ans Licht der Öffentlichkeit. Dieser blitzschnelle und höchst aufwendige Einsatz der Behörden befremdet, wenn man daran denkt, wie viele Jahre oft bei anderen weitaus größeren Fällen vergehen, bis endlich etwas passiert. Aber da hört man dann, dass aus Personalmangel Abstriche bei der Sicherheit und der Verbrechensbekämpfung gemacht werden müssen. Unsere Beamten können halt nicht überall sein!

Auch den Veranstaltern des Hahnenkammrennens ist bereits Schlimmes widerfahren: Im allergrößten Trubel, in der ärgsten Hektik des Jahres, wenn jede noch so kleine Hütte gerammelt voll ist, und sogar die Uromi in der Küche aushilft, taucht plötzlich die „Finanz-SOKO Kitzbühel" in voller Besetzung auf. Die möglicherweise „schwarz abwaschende" hilfsbereite alte Dame wird wacker in den Weinkrampf getrieben. Tolle Leistung! Keine Frage: Dass einige verbrecherische Gastro-Kollegen in den letzten Jahren Diskotheken-Eintrittsgelder am Fiskus vorbei in der eigenen Tasche verschwinden ließen, ist unter aller Sau und darf in keiner Weise akzeptiert werden. Diese wenigen schwarzen Gastro-Schafe sind es auch, denen wir die grenzen- und rücksichtslose Hetzjagd durch den Fiskus zu verdanken haben. Was fehlt, ist das Augenmaß. Man sollte schon ein bisschen Hausverstand walten lassen und eine abwaschende Küchen-Uromi nicht in einen Topf mit einem korrupten Großdisco-Betreiber werfen.

Finanzminister Dr. Hans Jörg Schelling hat die Rechnung aber im wahrsten Sinn ohne die Wirte gemacht. Mithilfe eines neuen Betrugsbekämpfungsgesetzes plante er, zunächst angeblich drei Milliarden Euro pro Jahr zur Finanzierung des (vom Koalitionspartner geforderten) Lohnsteuerausgleiches einzunehmen. Wenn man bedenkt, dass Österreichs Gastronomie einen Gesamtumsatz von rund 9 Milliarden Euro aufweist, würde das bedeuten: Unsere Politiker und ihre Beamten gehen davon aus, dass die Gastronomie an die 30 Prozent am Fiskus vorbeiwirtschaftet. Uff! Alleine die Annahme, dass ein so hoher Anteil der Gastwirte Verbrecher und Gauner sein sollen, zeigt, welchen Stellenwert die Gastronomie in diesen Kreisen hat. Denken Sie darüber nach, liebe Wirtin und lieber Wirt, wenn während des nächsten Wahlkampfs ein Politiker mit breitem Lächeln und bunten Prospekten in Ihrem Gastbetrieb auftaucht, und Sie ihm Ihre Gastfreundschaft schenken …

Übrigens: Geeinigt hat man sich schließlich auf 900 Millionen Euro, die laut Beratern angeblich bei den bösen Wirten einzutreiben wären. Finanz- und Wirtschaftsexperten glauben aber auch nicht an das Märchen von den 900 Millionen Euro, sondern sprechen von maximal 200 Millionen Euro möglicher Einnahmen. „Möglicher" Einnahmen, wohlgemerkt, denn die zu erwartenden Pleiten tausender Gastronomieunternehmen (Stichwort: Millioneninvestitionen für neue Registrierkassen und Milliarden von auch die Umwelt belastenden Papierbelegen) wären da vorher noch abzuziehen.

Aber die Entscheidung ist gefallen. Und wir werden damit leben müssen, dass bei der nächsten Finanzprüfung jeder noch so bemühte, ehrliche Unternehmer als Halbkrimineller vorverurteilt und auch so behandelt wird. Wirklich auskennen tut sich mit dem überfallsartig durchgepeitschten neuen Finanzstrafgesetz sowieso niemand mehr. In der Praxis wird in jedem Fall erst mal gestraft, ausjudizieren darf dann alles der Unternehmer. Auf eigenes Risiko – und das kann wirklich teuer werden. Fucking Gastronomie!

Der Arbeitsinspektor kommt!

Gleich mal vorweg: Ich schätze, achte und liebe meine Gäste. 99,9 Prozent von ihnen sind mir herzlichst willkommen. Aber dann gibt es eben doch diese 0,1 Prozent, die ich nicht schulterklopfend in die Stube bitte. Darunter die Damen und Herren vom Arbeitsinspektorat. Wobei: Grundsätzlich ist die Idee ja keine schlechte, von einem Außenstehenden, nicht Betriebsblinden zum Beispiel auf Fehler und Versäumnisse im Arbeitsschutz hingewiesen zu werden. Niemand wünscht sich Arbeitsunfälle im Unternehmen – schon gar nicht der Firmenchef, der ja in solchen Fällen kräftig zur Kasse gebeten wird. (Da mag der Unfall noch so skurril gewesen sein und selbst mit hellseherischen Fähigkeiten nicht zu verhindern.)

Vom „ganz normalen Wahnsinn" dieser regelmäßig durchgeführten Amtsbesuche kann wohl jeder Gastronom ein Lied singen – und das in mehreren Strophen. Klar, dass diese Visitationen von beamteten Paragraphenreitern allererster Güte durchgeführt werden. Die Sorge um eine Verletzungsgefahr der Mitarbeiter oder das Aufdecken unmenschlicher Arbeitsbedingungen scheint in den Hintergrund getreten zu sein. Vielmehr scheint die Visitation oft unter dem Motto „Kleiner Mann ganz groß" zu stehen. Einmal auch den Chef spielen, über den anderen stehen und andere schikanieren – der Traum so mancher Beamter aus der dritten oder vierten Reihe wird wahr.

Ich übertreibe? Leider nein, denn dann müsste man doch erwarten, dass ein Besuch dieser Kontrollorgane auch mit Rat, Tat, ernst gemeinten Verbesserungsvorschlägen und so mancher Hilfestellung verbunden ist. Dem ist aber leider nicht so. Und das ist nicht nur meine persönliche Erfahrung aus rund 45 Jahren Tätigkeit in der Gastronomie: Ich habe in dieser Zeit hunderte, ja tausende Branchenkollegen kennengelernt, aber noch von keinem einzigen je eine positive Silbe über den Besuch eines Arbeitsinspektors gehört. Von keinem einzigen! Klingt fatal und ernüchternd, ist aber so. Die Auftritte dieser Herren entsprechen vielmehr denen einer Einsatztruppe in einem totalitären Regime. Motto: „Wir gehen erst, wenn wir was gefunden haben."

Auch die Befugnisse der Arbeitsinspektoren erinnern eher an einen Unrechtsstaat: Sie haben absolute Freiheit und die nehmen sie sich auch! Sie können sich in jedem Teil des Unternehmens frei bewegen oder Zutritt verschaffen. Jeder Mitarbeiter kann willkürlich zu einem Verhör vorgeladen werden. Und sie haben das uneingeschränkte Recht, Einsicht in sämtliche Papiere vorzunehmen – egal, wie privat diese auch sein mögen.

Betritt eines dieser Kontrollorgane den Betrieb, steht das Unternehmen praktisch still. Das gilt natürlich auch dann, wenn ein Arbeitsinspektor das Lokal um zwölf Uhr „besucht", mitten im turbulentesten Mittagsgeschäft. Egal. Es kann noch so voll und hektisch sein – die Gäste müssen warten, die Mitarbeiter ruhen. Absoluten Vorrang haben immer das Kontrollorgan und seine Arbeit.

Sachliche Diskussionen oder ein normales Gespräch auf Augenhöhe sind dabei eher nicht vorgesehen. Ein Beispiel: Mein 26-jähriger Küchenchef hatte einen angeblich falschen Dienstplan erstellt. (Wäre ja auch kein Wunder, wenn man sich die neuen Arbeitszeitgesetze ansieht. Bei denen hat auch so mancher gestandene Lohnverrechner den Überblick verloren.) Ich wurde zu einer Geldstrafe von 1.800 Euro verdonnert. Ich wollte meine Sicht der Dinge darstellen und die Strafe zumindest auf ein erträglicheres Maß drücken. Also suchte ich um ein persönliches Gespräch mit dem Arbeitsinspektor an. Ganze sechs Monate brauchte es, bis ich von einem der „hohen" Herren einen persönlichen Termin zugeteilt bekam und um „Gnade" bitten durfte! Einfach nur unwürdig – nicht nur für den Wirt, sondern auch für einen angeblich schlanken, modern und effizient geführten Staat im 21. Jahrhundert. Verständnis, Einsicht oder zumindest Nachsicht bei entschuldbaren Fehlern oder Unkenntnis der leitenden Mitarbeiter? Keine Chance!

In jedem Fall wird der Unternehmer zur Verantwortung gezogen – mit Geldstrafen, die meist in den vierstelligen Bereich gehen. Steht etwa der Sessel vor der Fluchtwegtür, hat nicht der verursachende volljährige und entsprechend instruierte Kellner etwas falsch gemacht, sondern der Wirt, der an diesem Tag vielleicht sogar nicht einmal im Betrieb war. Verletzt sich das ordentlich eingeschulte, aber unachtsame Lehrmädchen nach einer durchzechten Partynacht beim Wurstschneiden am Finger, brennt der Unternehmer wie der sprichwörtliche Luster. Bei einem meiner Kollegen zum Beispiel waren dafür 500 Euro Strafe fällig, schließlich hätte man ja als Lehrherr acht Stunden am Tag neben dem Lehrling stehen und ihm auf die Finger schauen können. Klingt weltfremd, ist aber genau das, was uns die Arbeitsinspektoren als einzig richtigen Weg verkaufen wollen. Dass man in so einem Fall auch noch eine minutenlange Strafpredigt von der Amtsperson über sich ergehen lassen muss wie ein ungehorsamer Volksschüler, setzt der Sache noch die traurige Krone auf.

Übrigens: Sollte sich dasselbe Lehrmädchen jedoch in der Freizeit verletzen – etwa bei der Ausübung ihres Lieblingssports Klettern, Karate oder Eiskunstlaufen –, dann „kann man halt nichts machen". Der Unternehmer darf den Krankenstand aus seinen Einnahmen zur Gänze blechen, bis zu 42 Tage lang. Die – ohnehin spärliche – Rückerstattung der AUVA (Allgemeine Unfallversicherungsanstalt) erfolgt nur dann, wenn der Versicherte für längere Zeit ohne Unterbrechung krank war. Dass diese Rückerstattung meistens mehr als ein halbes Jahr auf sich warten lässt, ist ein weiteres Mosaiksteinchen in diesem traurigen Bild.

Nichtrauchen tötet ... Wirte

Der Eiertanz um das Nichtraucherschutzgesetz ist ja eigentlich längst ein Fall für den Villacher Fasching – Hauptsache lustig und Hauptsache, am Ende steht das totale Chaos. Von 33 Staaten in Europa haben 17 die annähernd gleich tolerante Regelung, wie sie Österreich bisher hatte (51% Räumlichkeiten für Nichtraucher, 49% für Raucher), ein Land hat überhaupt kein entsprechendes Gesetz und nur 15 Staaten verfügten ein absolutes Rauchverbot. Ziemlich unübersichtlich ist die Lage auch in Deutschland: Dort gilt in nur drei Bundesländern ein absolutes Rauchverbot, elf weitere haben ähnliche Regelungen wie Österreich und in zwei deutschen Bundesländern besteht zusätzlich die Möglichkeit, ein Raucherlokal einzuführen. In Tschechien hatte der Versuch, ein totales Nichtraucherschutzgesetz einzuführen, fast zum Sturz der Regierungspartei geführt. *(Anmerkung des Autors: Angesichts des bisherigen Durcheinanders in dieser Angelegenheit ist anzunehmen, dass sich die oben genannten Zahlen schon längst geändert haben, wenn Sie diese Zeilen lesen!)*

Es ist also bei Weitem nicht so, wie uns gerne eingeredet wird, dass in ganz Europa absolutes Rauchverbot herrscht. Fest steht aber, dass die Auswirkungen in den Ländern mit absolutem Rauchverbot massiv sind – nicht so sehr für die allgemeine Gesundheit, sondern für die Gastronomen: In Großbritannien und Irland kam es innerhalb von nur sechs Monaten zu einem Lokalsterben beträchtlichen Ausmaßes – ein Viertel aller Lokale verschwand. In

Paris schlossen binnen kürzester Zeit 2.000 Bistros. In Madrid sagten über 700 Lokalbetreiber „Adios", in Belgien verabschiedeten sich 2.000 Gastronomen. Bayern, der Inbegriff von Gemütlichkeit und fröhlichem Lebensgefühl, hat den Verlust von 670 Gaststätten zu verkraften. Und hinter jeder geschlossenen Wirtshaustür steht das Schicksal einer Wirtsfamilie und ihrer Mitarbeiter, die eigentlich die Wünsche ihrer Gäste erfüllen wollten. Rauchen tötet, sagen die Rauchergegner, ich sage: „Nichtrauchen zerstört tausende Existenzen." Heute hat nur noch jede fünfte Gemeinde ein Gasthaus – und es werden immer weniger. Arm, aber g'sund!

Gastronomische Trittbrettfahrer

Am Land weiß man, welchen Schaden Vereinsfeste für die lokalen Wirte bedeuten können. In den Städten stellt sich dieses Phänomen nicht viel anders dar. Hier tun sich oft ganz besonders die Kommunen und deren Unternehmen als gastronomische Trittbrettfahrer hervor. Universitäten, Volkshäuser, Museen, Rathaus-Foyers, stadteigene Orchestersäle, ja sogar unter Denkmalschutz stehende Burgen und Schlösser werden als Locations für Weihnachtsfeiern und Firmenveranstaltungen und sogar als Messehallen angeboten. Warum? Unter anderem, um die oft sündteuren Kücheneinrichtungen, die man sich für die kostengünstige Verpflegung der kommunalen Mitarbeiter angeschafft hat, besser auszulasten. Eine ganze Reihe öffentlicher Einrichtungen gründete deshalb Eventagenturen oder Cateringunternehmen und mischt seitdem am freien Markt mit. Oft zu Preisen, die jenseits der Wirtschaftlichkeit liegen. Wer hat, der hat – schließlich zahlen's ja die Steuerzahler.

Klar, dass bei diesen Angeboten viele Firmen, Vereine, Eventveranstalter, Interessenvertretungen, ja, sogar Parteien nicht Nein sagen und die Dienste dieser „kommunalen Caterer" für ihre Events in Anspruch nehmen. Schließlich sind ja nicht nur die Preise, sondern auch die unter Denkmalschutz stehenden Gebäude, die man als „Kommunaler" an der Hand hat, überaus attraktiv. Dass diese mit Steuergeldern auf Hochglanz gebrachten Gebäude nun plötzlich als gastronomische Veranstaltungsflächen dienen und den ohnedies schwierigen freien Markt verzerren, bedenkt wohl kaum einer.

Schuster, bleib bei deinen Leisten: Kein Wirt käme auf die Idee, aus seinem Lokal ein Museum zu machen oder als „Nebenjob" ein Krankenhaus oder eine Bank zu betreiben. Also, liebe Kommunen und öffentliche Stellen: Lasst die Gastronomen arbeiten und schafft nicht mit jedem neuen (Kultur-)Bau aus öffentlichen Mitteln zusätzliche Konkurrenz für unsere Branche.

Das österreichische Kastensystem

Auch im 21. Jahrhundert wird das Leben im fernen Indien in vielen Bereichen davon bestimmt, welcher Kaste man angehört. Angesehen oder unberührbar, Brahmanenkaste, Beamtenkaste, Kriegerkaste – das wird oft schon bei der Geburt festgeschrieben.

Und bei uns im guten alten Europa? Da würde wohl niemand vom Kastenwesen sprechen. In der Praxis ist man aber manchmal gar nicht so weit davon entfernt. Ganz oben bei uns scheinen etwa die „Kulturkaste", die „Beamtenkaste" und die „Politikerkaste" zu stehen. Die dürfen nämlich alles, scheint es. Politische Veranstaltungen mit Lautsprecher- und Musikbeschallung ohne Lärmmessung? Demonstrationen und Sitzblockaden vor einem Restaurant? – Alles kein Problem, wenn man der richtigen Kaste angehört. Und auch die lächerliche Lustbarkeitsabgabe für Live-Musik fällt nicht an, wenn es sich um eine politische Veranstaltung handelt. Wenn ein riesiges Straßenkunstfestival seine Abschlussveranstaltung in der Innenstadt abhält, mit 500 Teilnehmern und zigtausenden Besuchern, dann ist von behördlicher Sperrstunde keine Rede. Bis fünf Uhr morgens darf gefeiert werden. Wenn politische Vereine mit Lautsprechern, Brandfackeln und radikalen Sprechchören durch die Stadt ziehen, ist das in Ordnung – solange es unter dem Schutzbegriff „Kultur", „Demokratie" oder „Kunst" geschieht.

Die „Gastronomenkaste" hingegen hat es da nicht so leicht: Ein Frühschoppen-Konzert im Biergarten? Unmöglich bei diesen Auflagen! Live-Musik am Abend? Bitte in Zimmerlautstärke oder besser gar nicht! Ein Straßenfest gemeinsam mit anderen Gastronomen? Unmöglich, denn die behördlichen Verkehrssperren und die Securitydienste würden Unsummen kosten! Vom Genehmigungs-Hindernislauf gar nicht zu reden. Schade, oder besser gesagt … falsche Kaste! Wie es im Kastensystem halt so ist, spielt auch der Ort eine große Rolle: Den Linzer Gastronomen ist es zum Beispiel verboten, ein sogenanntes „Heizschwammerl" aufzustellen, um so ihren Gästen den Aufenthalt im Schanigarten auch in der kälteren Jahreszeit schmackhaft zu machen. Die Wiener „Gastronomenkaste" hingegen darf das schon. Allerdings: Hier wird wieder für jedes „Schwammerl" kassiert. Und zwar ordentlich …

Stellt sich noch die Frage, warum die „Gastronomenkaste" so wenig Ansehen von offizieller Seite genießt. Sie sollten doch einmal genauer hinschauen. Dann würden sie die tausenden jungen Menschen sehen, die voller Begeisterung und Einsatz die großartigen Tourismus- und Hotelfachschulen Österreichs besuchen. Mit dem Ziel, später in Gastronomie- und Tourismusbetrieben Karriere zu machen. Wenn Wertschätzung und Entgegenkommen diesen Menschen gegenüber weiterhin so gering bleiben, wird diese Karriere wohl vermehrt im Ausland stattfinden.

Die „Glorreichen 7" beim Vizekanzler

Sieben rebellische und engagierte Wirte aus Oberösterreich – darunter auch der Autor dieses Buches – ritten ... pardon ... fuhren nach Wien. Das Ziel des unerschrockenen Septetts: Dr. Reinhold „Django“ Mitterlehner, Vizekanzler und Wirtschaftsminister der Republik Österreich. Ihm wollten sie mal ganz persönlich und ganz deutlich ihre Meinung zu Dingen wie Nichtraucherschutzgesetz und Steuerreform samt Registrierkassenpflicht nahebringen. Als „Empfangskomitee“ des mächtigen Wirtschaftsministeriums waren neben dem Wirtschaftsminister zusätzlich die Sektionschefs der Ressorts Gesundheit und Finanz angetreten. Man wollte hören, was uns bewegt.

Dabei ging es gar nicht nur um uns Wirte, sondern auch um die Freiheit unserer Gäste. Etwa ihre Freiheit, dem Genuss einer Zigarette oder Zigarre nachzugehen. Ein Genuss, dem Menschen seit Jahrhunderten in ihrem Lieblingswirtshaus frönen. Und ja, natürlich: Uns lag auch die Sache Steuerreform am Herzen oder, besser, schwer im Magen. Schließlich sollte diese ja auch durch die Einführung der Registrierkassenpflicht finanziert werden. Wenn diese wirklich erforderlich ist, okay, aber einen großen Teil der Belastungen auf den Rücken von Österreichs alteingesessenen Gastwirtschaften abzuladen: Nein! Die geplanten Maßnahmen würden es auch den Allerletzten einer aussterbenden Spezies schwer machen zu überleben.

Das fast zweistündige Gespräch verlief sehr informativ, das Wirte-Septett konnte viele offene

Punkte ansprechen, Lösungsvorschläge wurden eingebracht. Ja, und fast hatten wir den Eindruck, dass man dankbar war für unser Engagement …

Zurück in Linz nach 70-minütiger Fahrt mit der neuen Westbahn, gehen mir noch einige Gedanken durch den Kopf: Die Bahnkarte hatten wir nicht in der riesigen ÖBB-Bahnhofshalle in Wien mit einer Unmenge an scheinbar beschäftigungslosen Schalterbeamten gekauft. Nein, wir lösten sie ganz einfach im Zug beim sympathischen jungen Schaffner der Westbahn. Flott, freundlich, unkompliziert – und ganz ohne teure Schalter, Büros und Riesencomputer. Übrigens auch noch um die Hälfte des Preises, der bei der staatlichen Bahn fällig gewesen wäre. Vom Linzer Bahnhof gehe ich am riesigen Landesdienstleistungszentrum vorbei, das schon lange geschlossen hat. Ist ja bereits kurz vor 18 Uhr – quasi Mitternacht in der Beamtensprache.

Einen grimmigen Blick widme ich dem knapp 100 Meter hohen Terminal Tower des Finanzamts, dessen Vergabepraktiken seit Jahren Behörden und Gerichte beschäftigen. Hier scheint um 18 Uhr ebenfalls schon überall Dienstschluss angesagt. Und auch die Bezirkshauptmannschaft sowie das imposante Hochhaus der OÖ Energie AG haben ihre Pforten bereits geschlossen. Nein, doch nicht! In einem Stockwerk brennt noch Licht. Offensichtlich steigt da eine Party, ausgerichtet wohl vom hauseigenen, mit Steuergeld unterstützten Cateringunternehmen.

Ich gehe vorbei am neuen riesigen Musiktheater mit fast 600 Angestellten und am imposanten Komplex von Arbeiterkammer und Gewerkschaft, der mittels gesetzlich verordneter Pflichtmitgliedsbeiträge aufwendig umgebaut worden war. Zu guter Letzt passiere ich noch das prächtige Bürogebäude der Oberösterreichischen Wirtschaftskammer. Erst kürzlich wurde es großzügig erweitert – mit gesetzlich verordneten Geldbeiträgen von Unternehmern, versteht sich!

Und in allen diesen Türmen aus Glas, Stahl und Beton sitzen sie, die Politiker, die Juristen und die Funktionäre. Und alle werken sie – bis Dienstschluss, versteht sich – für unser Wohl. Behaupten sie zumindest. „Tun sie das wirklich?“, sind meine abschließenden Gedanken, bevor ich meinen Job im Wirtshaus antrete, der mich noch bis weit nach Mitternacht auf Trab halten wird. Meine Wirtekollegen aus dem „unerschrockenen Septett“ übrigens auch …

Nichtraucher-„Terroristen"

„Meiden Sie dieses „Raucherschutzlokal" mit miserablem Service und Essen."

Onlinebewertung durch einen Rauchersheriff

In den letzten Jahren macht man als Gastronom mit einer ganz besonderen Spezies unliebsame Bekanntschaft: den sogenannten „Rauchersheriffs". Mit Kamera und Notizblock bewaffnet, ziehen diese „Anonymen Antiraucher" von Lokal zu Lokal, um irgendwo einer Verfehlung im Nichtraucherschutz gewahr zu werden. Ich nenne sie auch Nichtraucher-„Terroristen", weil sie oftmals bösartig und ohne Rücksicht auf Verluste agieren. Wobei ich vorausschicken möchte: Nichtraucherschutz und entsprechende praktikable Vorschriften sind natürlich in Ordnung, aber was manche mittlerweile veranstalten, grenzt an Menschenhatz und Vernaderung aus einer Gott sei Dank längst vergangenen Zeit. Die Herren Rauchersheriffs – Dame ist mir in diesem „Berufsstand" bezeichnenderweise noch keine begegnet – scheinen vor nichts zurückzuschrecken. Im Extremfall treiben sie es bis zur existenzbedrohenden Geschäftsschädigung.

Einige der selbst ernannten Sheriffs haben jetzt einen weiteren neuen „Verkehrsweg" für Vernaderungen aller Art für sich entdeckt: das Internet mit den sozialen Medien. Auf diversen Gastroplattformen etwa lässt es sich vortrefflich hetzen, verleumden und Gerüchte in die Welt setzen, ohne dabei die schützende Deckung zu verlassen und den Wahrheitsbeweis antreten zu müssen. Um einen besonders hohen Schaden anzurichten, garniert man die Kritik am angeblich fehlenden Nichtraucherschutz auch gerne mit aus der Luft gegriffenen Behauptungen über die Qualität der „verqualmten Speisen“ oder das „Fehlverhalten“ der Mitarbeiter. Oder man geht gleich aufs Ganze und würdigt den Gastronomen mit persönlichen Diffamierungen und Unterstellungen herab. Dass man damit vielleicht eine Lawine auslöst, die bis zur Kündigung von Mitarbeitern oder zur Schließung des Lokals führen kann, stört die Sheriffs nicht weiter. In Wildwestmanier wird quasi ohne Rücksicht auf Verluste vorgegangen. Kollateralschäden scheinen sogar ausdrücklich erwünscht.

Auch mein Lokal in Linz wurde Ziel eines solchen hinterlistigen Angriffs dieser Sheriffs:

Es ist unverständlich, dass ein Lokal mitten im Zentrum von Linz gegen nahezu alle Nichtraucherschutzmaßnahmen verstößt. Der Eingangsbereich und der Hauptraum, durch den alle Besucher gehen müssen, die Toiletten, die offene Küche sowie das offene Salatbuffet sind ausschließlich Raucherbereiche. Als Nichtraucher wird man in ungeheizte Nebenräume geleitet. Das Essen ist miserabel, die Panier vom Schnitzel fällt ab, der XXL-Salat ist bestenfalls XXS, das Fleisch wurde kalt serviert, das Dressing für den Salat mussten wir selber vom Raucherbuffet holen, alles schmeckt nach Rauch. Das Service ist miserabel und extrem unfreundlich. Kritik wurde ignoriert. Meiden Sie dieses Lokal, außer Sie stehen auf über-

teuertes, nach Rauch schmeckendes Essen. Dieses Lokal ist eine Schande für Linz und den Nichtraucherschutz. Als Gipfel der Frechheit steht zudem im Eingangsbereich ein Schild mit dem Hinweis „Bitte beachten Sie das Nichtraucherschutzgesetz". Nicht die Besucher, der Wirt sollte den Nichtraucherschutz einhalten!!!

Onlinebewertung auf einer Gastroplattform

In einem dieser Fälle habe ich den totalen Social-Media-Gegenangriff gestartet: Ich habe die negative Kritik auf meine eigene Facebook-Seite mit immerhin 20.000 „Freunden" gestellt und auf die äußerst einseitige böswillige Bewertung des Rauchersheriffs hingewiesen. Interessanterweise meldeten sich viele Kollegen, die ähnliche Bewertungen über sich ergehen lassen mussten, oft mit völlig identischen Textpassagen. Die Folgen meiner Veröffentlichung? Herrlich! Es folgte eine Welle von positiven Bewertungen der Web-Gemeinschaft – was mein Lokal im Ranking wieder weit vor meine Mitbewerber katapultierte. So gesehen: Danke, Sheriffs! Nebenbei bemerkt: Ein Schreiben an die Macher des Bewertungsportals ergab leider nichts. Denen ist es offensichtlich völlig egal, dass sie mit ihren Bemerkungen auch Existenzen vernichten können. Hauptsache, die Zugriffe stimmen.

Deshalb, liebe Leute: Traut nicht jeder Restaurantkritik – schon gar nicht jener, die von einem anonymen Bewertungsportal kommt. Hinterfragt die Interessen, die hinter diesen Wortmeldungen stehen. Und: Kommt, lacht, trinkt, esst – macht euch selbst ein Bild! Ich bin überzeugt: Der überwiegende Teil der Nichtraucher will gar nicht auf diese Art „geschützt“ werden und stößt sich gar nicht an ein paar Rauchern. Es ist eine Minderheit, die in einen Krieg gegen die Raucher zieht und alle anderen zwangsverpflichtet, als Mitkämpfer dabei zu sein.

Schaut man sich das besagte Österreichische Nichtraucherschutzgesetz und dessen überaus holprige Entstehungs- und Umsetzungsgeschichte genauer an, erkennt man das eigentlich Perfide an der Situation: Die Phase eins mit dem „Ja-Nein-Vielleicht-Weiß-nicht“-Kurs der Regierung kostete den Wirten jede Menge Nerven und viel Geld für oft sinnfreie Investitionen. In Phase zwei entschloss man sich, ein strenges, einheitliches Nichtraucherschutzgesetz zu erlassen. Eine typisch österreichische Lösung: Erst will man es allen recht machen und niemandem wirklich wehtun. Dann, wenn man merkt, dass man erst recht alle verärgert hat, wird scheibchenweise am Gesetz herumgedoktert. Und schließlich führt man ein Gesetz ein, das man schon von Beginn an hätte anwenden können. Übrig bleiben Unzufriedene auf allen Seiten: Raucher, die ihr nun rauchfreies Lieblingslokal meiden, Nichtraucher, die auch nicht gerne in Lokalen sitzen, in denen die – meist recht geselligen – Raucher fehlen, und natürlich die Wirte, die aufgrund von sinnlosen Investitionen und Gesetzen sowie schwindender

Gästefrequenz ans Zusperren denken. Bravo: Operation gelungen, Patienten tot! Jetzt ist keiner zufrieden, aber Hauptsache wir haben ein „ordentliches“ Gesetz.

Wobei: Ganz so ordentlich ist das neue Gesetz dann doch wieder nicht. Ein Beispiel: Laut Gesetzgeber sind 51 Prozent eines Lokals als Nichtraucherfläche und 49 Prozent als Raucherfläche vorzusehen. Ob damit Quadratmeter oder Kubikmeter gemeint, und ob die Arbeits- und Fluchtwege einzuberechnen sind, steht nicht im Gesetz. Es bleibt bei den Juristen, hier Entscheidungen zu treffen. Eine riesige Spielwiese für Vernaderer, Prozesshansln und Sheriffs aller Art tut sich auf. Magistrate und Ämter nehmen den Ball auf und stellen Strafen aus. Gesetz ist ja Gesetz. Und außerdem: Das Geld kann man in jeder Kommune gut gebrauchen.

Ein Beispiel gefällig? Eines Morgens reinigte eine unserer Putzfrauen – vermutlich eine „böswillige Kettenraucherin“ – die Böden in meinem Restaurant. Aus wohl verständlichen arbeitstechnischen Gründen ließ sie dabei immer wieder für kurze Zeit einige der 18 Trenn- und Verbindungstüren zwischen den verschiedenen Extraräumen offen. Dass die gute Dame damit schon mit einem Bein im Kriminal stand, ahnte sie nicht. Denn eine der geöffneten Türen hatte auch die Funktion einer Trennwand zwischen Raucher- und Nichtraucherteil. Prompt wurde dieses „Vergehen“ fotografiert und beim Magistrat zur Anzeige gebracht. Schönheitsfehler: Das Foto war bereits um 7.30 Uhr früh entstanden, also zweieinhalb Stunden, bevor das Lokal seine 18 Türen auch den Gästen öffnet!

Dumm gelaufen für den Anzeiger, könnte man nun meinen. Gnade gab es seitens des Magistrats trotzdem nicht. Die „Straftat“ kostete mich 600 Euro. Relativ „günstig“, wie man mir versicherte, da es sich um ein „erstmaliges Vergehen“ handelte. Bei weiteren ähnlichen Vergehen würde sich die Strafe jeweils verdreifachen, also 1.800 Euro, 5.400 Euro, 16.200 Euro und so weiter. Ich habe nachgerechnet: Bei der zehnten Verfehlung wären 11,8 Millionen Euro fällig! Eine hoffentlich abschreckend hohe Strafe für alle, die ein ähnlich abscheuliches Verbrechen wie das „putztechnische“ Offenhalten einer Türe planen …

Vergleiche hinken oft, aber die Frage sei schon erlaubt, in welchem Verhältnis solche Strafausmaße zu jenen Pipifax-Urteilen stehen, mit denen oft ein Sexualverbrecher rechnen muss? Warum droht man nicht so manchem Drogendealer mit ähnlich geharnischten Folgen? Oder korrupten Politikern? Da tun es aber dann meist Bewährungsstrafen oder die aktuell sehr trendige Fußfessel, die nach wenigen Wochen sowieso wieder abgenommen wird. Wo bleibt da das Augenmaß?

Womit wir wieder bei den Rauchersheriffs wären: Ein besonders eifriger Vertreter dieser Spezies brachte beim Linzer Magistrat an die 180 Anzeigen ein! Den enormen Aufwand und die damit verbundenen hohen Kosten kann man sich leicht vorstellen.

Der Vollständigkeit halber sei noch erwähnt, dass die meisten dieser Anzeigen jeder Grundlage entbehrten und damit ins Leere liefen. Dass der Sheriff dies nicht hinnahm, sondern gleich eine Amtshaftungsklage gegen jene Beamten nachlegte, die es gewagt hatten, seine Anzeige nicht zu bestätigen, passt in das Psychogramm solcher Menschen. Viel heiße Luft, aber kein Rauch.

Am schlimmsten ist für mich aber der Gedanke, dass sich diese Aschenbecherspione ja als normale Gäste tarnen. Als solche werden sie auch mit aller Freundlichkeit und Zuvorkommenheit von unseren Mitarbeitern behandelt. Man schenkt ihnen ein Lächeln und Aufmerksamkeit, führt sie an den gewünschten Tisch, berät sie, bedient sie, hofft, dass sie sich wohlfühlen. Ja, man lässt sie auch noch das Lokal fotografieren, freut sich über das Interesse. Gegen einen Schnappschuss, den so ein falscher Gast angeblich für seine Verwandten im Ausland machen will, die von unserer „wunderschönen Einrichtung“ gehört haben, kann man ja nichts haben. Und dann geht dieser „Undercover-Agent“ nach Hause, setzt sich an den Computer und postet auf abstrusen Seiten stolz eine Mischung aus Anschuldigungen und frei erfundenen Vorwürfen und würzt das Ganze noch mit Fotos, deren Entstehung man selbst noch freundlich unterstützt hat. Nahezu unerträglich das Gefühl, dass so ein Herr die Gastlichkeit unserer Mitarbeiter missbraucht, dass ich ihm wohl schon aus dem Mantel geholfen und ihn an seinen Tisch geführt habe. Die traurige, aber fast unvermeidbare Konsequenz: Plötzlich sehe ich den einen oder anderen „harmlosen“ Gast mit anderen, misstrauischen Augen. Ein schlimmer Zwiespalt, denn genau das möchte ich auf keinen Fall!

Ob die überaus erfolgreiche Präsidentin der Salzburger Festspiele, Helga Rabl-Stadler, nun auch ähnlich nachdenkliche Blicke auf so manche Gäste wirft? Ihr wurden nämlich die harmlos erscheinenden drei Buchstaben „JTI“ auf der Sponsorenliste der Festspiele zum Verhängnis. Dass JTI für „Japan Tobacco International“ steht, ist zwar nur Insidern bekannt, für eine Verwaltungsstrafe von kolportierten 3.850 Euro reichte es aber allemal. Und natürlich musste auch der Sponsorvertrag mit JTI gekündigt werden. Was heißt: 600.000 Euro pro Jahr weniger für die Festspiele! Wer die Sache ins Rollen gebracht hatte? – Ein anonymer Festspiele-Besucher, der im Abdruck des „JTI“-Logos einen Verstoß gegen das österreichische Tabak-Werbeverbot erkannt hatte. Gratulation! Ich verleihe diesem Herrn unbekannterweise den Titel „Rauchersheriff auf Lebenszeit“.

Verstehen werde ich die kleingeistigen Gedankengänge solcher Vernaderer nie: Warum nimmt man nicht sein demokratisches, viel gerühmtes Recht der freien Wahl in Anspruch? Warum wählt man nicht einfach jenes Lokal selbst aus, in dem alles so ist, wie man es sich wünscht? Wo man gerne isst, in dem es einem gefällt? Warum lässt man die Wirte mit ihren angeblich so „verqualmten Raucherräumen“, ihrer „schrecklichen Küche“ und dem „unfreundlichen Personal“ nicht einfach links liegen? Was mir nicht gefällt, kaufe ich nicht, basta! So einfach ist das! Angebot und Nachfrage regieren bekanntlich die Wirtschaft. Besteht die entsprechende Nachfrage nach Nichtraucherlokalen, wird der Markt diese Bedürfnisse rasch erfüllen. Zwang ist der falsche Weg, da sind wir schnell wieder in düsteren Zeiten, in denen wohl auch kein Rauchersheriff leben will. Obwohl – gerade damals hatten bekanntlich ja die Vernaderer Hochkonjunktur …

Da frage ich mich schon, wie wir so weit gekommen sind? Meine Erklärung: Eine Ursache ist der Gesundheits- und Ewige-Jugend-Wahn, den wir so lange an den US-Amerikanern kritisiert haben und der jetzt in einer unvorstellbaren Schnelligkeit von uns übernommen wird. Bald wird ein wunderbarer Jahrgangs-Rotwein nur mehr als gesundheitsschädlicher Alkohol betrachtet, ein knuspriger Schweinsbraten darf nur mehr an ungeraden Kalendertagen, die mit „D“ beginnen, serviert werden, der Verzehr von vegetarischen Speisen wird zwei Mal pro Woche zur Bürgerpflicht, Süßigkeiten werden gleich überhaupt verboten … Zugegeben, alles noch meine Fantasie, aber leider gar nicht mehr so utopisch.

Bon-Wahn und erlaubter Mundraub

Schon mal beim Après-Ski mittendrin statt nur dabei gewesen? Wenn hunderte Gäste am Nachmittag die Hütte oder die Schirmbar stürmen und jeder sein Getränk haben will? Aber sofort! Und haben Sie schon mal bei einem Open-Air-Konzert, wenn Tausende gleichzeitig die Bar stürmen, Bier ausgeschenkt? Oder auf einem Ball oder bei einer Faschingsfeier, wenn die Post so richtig abgeht?

Bisher wurde in der Regel in diesen Bereichen von den Mitarbeitern „nach Stand" gearbeitet. Das heißt, Anfangsbestand der Ware minus Endbestand entspricht dem Verkauf. Und erst, wenn die Gäste den Ort des Geschehens verlassen haben, wurde ohne Druck gebucht und mit dem Unternehmer abgerechnet. Mit der Einführung der Registrierkassenpflicht 2016 inklusive der direkten lückenlosen Verbindung zum kontrollierenden Finanzministerium 2017 ist es mit dieser in der Praxis hervorragend funktionierenden Lösung endgültig vorbei. Für die Gastronomiebranche ist dies wohl eine der folgenschwersten Regelungen, die je einem heimischen Politiker einfielen.

Da sind einmal die nicht unbeträchtlichen Anfangs-Investitionen: Registrierkasse, Handhelds, Funksysteme, Bon-Drucker usw. müssen angeschafft werden. Was aber noch viel schwerer wiegt: die folgenden unkalkulierbaren Kosten für die laufende Betreuung von Hard- und Software und für die Updates. Und vor allem der Aufwand! Jedes Seidel Bier, jedes Glas Mineral und jedes Frankfurter Würstchen muss jetzt sofort boniert, das dazugehörige Zettelchen ausgedruckt und dem Gast verbindlich mitgegeben werden. Mehr Aufwand bedeutet auch mehr Zeit: Experten schätzen, dass die Wartezeit für den Gast dank der verpflichtend mitzuliefernden Rechnung um bis zu 25 Prozent steigt. 25 Prozent!

Das ist nicht nur unangenehm für den durstigen und hungrigen Gast und die dadurch mehrbelasteten Mitarbeiter, das bedeutet auch erhebliche Mehrkosten für den Gastronomen. Denn Zeit ist bekanntlich Geld, und je schneller der Kellner auf die Wünsche der Gäste eingeht und „liefert", umso mehr kann er in dieser kurzen, enorm wichtigen Phase umsetzen und verdienen. Gerade bei „Stoßgeschäften" wie den eingangs erwähnten. Schon jetzt ist es überaus schwierig, für diese ganz besonders herausfordernden Aufgaben geeignete Mitarbeiter zu finden. Je mehr man diese wertvollen Leute noch mit zusätzlichen umsatzmindernden und zeitverschwendenden Arbeiten belastet, umso weniger werden sie bereit sein, sich das noch anzutun. Ich bin ja überzeugt, dass diese enorm aufwendige Pflicht zur Belegung nur Menschen einfallen kann, die ihr Leben lang noch nie über Kostenmanagement, Wirtschaftlichkeit und Wettbewerb nachdenken mussten. Ebenso überzeugt bin ich davon, dass die so sehnlichst erwarteten zusätzlichen Steuereinnahmen bei Weitem nicht in jenem Ausmaß fließen werden, wie sich das so mancher Herr in Wien vorstellt. Jede Wette drauf!

Auch die Umwelt kriegt ihr Fett, oder besser, ihr Papier ab: Eine Schätzung hat ergeben, dass der jährliche Bon-Ausschuss eines durchschnittlichen Wirtes mit etwa zehn Mitarbeitern aneinandergelegt rund um den gesamten Äquator reichen würde. Rechnen Sie das Ganze mal 60.000 – so viele Gastronomiebetriebe gibt es in Österreich – und Sie sehen: Da könnte man unseren Planeten richtiggehend einpacken … und so manchen Bürokraten gleich mit. Ganz abgesehen davon: War es schon jetzt oftmals schwierig, die lieben Mitarbeiter dazu zu bewegen, sich für ein weggeworfenes Papier am Boden zu bücken, kommt jetzt die große Herausforderung in Form von abertausenden von Gästen zurückgelassenen Kassenbons hinzu. In unserem Lokal können wir ein Lied davon singen. Zu Betriebsschluss schaut's dort vor lauter Zettelchen so aus, als hätte es ein paar Zentimeter geschneit. „Sei dir nicht zu gut, dich nach jedem Papierl zu bücken!", hat mein Vater immer gesagt. Diesen Rat befolge ich immer noch. Jetzt, wo der Bon-Wahn herrscht, komme ich aus dem Bücken gar nicht mehr raus. Und sollte ich jemals einen Bandscheibenvorfall bekommen, ist der Herr Finanzminister nicht ganz unschuldig daran.

Investitionen, technische Wartung, zusätzliche Reinigung, mehr zeitlicher Aufwand und damit weniger Umsatz – das alles kostet. Und zahlen tut's zuerst der Wirt und dann leider eben der Konsument. Bis einer von beiden nicht mehr will oder kann: der Gast bleibt aus oder der Wirt sperrt zu. Ende des

Trauerspiels. Nur zu verständlich, dass sich bei diesen Aussichten bei manchem älteren Kollegen oder Kleinbetrieb Angst breitmacht. Angst vor der Veränderung, vor der Zukunft, vor Belastungen, die man nicht mehr tragen kann.

Bei der Diskussion um Registrierkasse und Co. kommt natürlich auch der Begriff von der „Steuermoral" ins Spiel. Wie man es denn selbst gehalten hätte mit der Ehrlichkeit? Ob nicht der eine oder andere da und dort „irrtümlich" ein paar Euro an der Umsatzsteuerpflicht vorbeigelotst hätte? Und wenn von Moral die Rede ist, sind die Moralapostel nicht mehr weit. Sie sprechen sich selbst frei von jeglicher Schuld, niemals hätten sie auch nur einen einzigen Cent … Spätestens dann ist es an der Zeit, aus der Bibel zu zitieren: „Wer von euch ohne Sünde ist, werfe als Erster einen Stein." Und schon sehe ich sie, die vielen, vielen Menschen in ganz Österreich, wie sie die Steine wieder schnell und unauffällig verschwinden lassen. Denn nicht alle der wunderschönen Häuschen am Stadtrand sind nach den branchenüblichen Stundensätzen verrechnet worden oder ausschließlich dank der Arbeitskraft des Familienclans entstanden. Die finanziellen Mittel kamen nicht immer nur vom Bausparvertrag, den Mutti rechtzeitig abgeschlossen hat. Ich wage zu behaupten: Würden mit einem Fingerschnippen alle Häuser in Österreich von der Bildfläche verschwinden, die mithilfe der einen oder anderen „steuerschonenden" Aktion errichtet worden sind, stünden wir plötzlich in einer grünen Oase. Unter den so verschwundenen Häusern wären dann wohl auch jene von Finanzbeamten, Steuerprüfern oder Politikern.

Nein, ich plädiere jetzt nicht für Schwarzarbeit beim Hausbau oder Steuerhinterziehung in der Gastronomie, sondern für Verhältnismäßigkeit und Vernunft. Ein Unternehmen, das auf persönlichem Einsatz aufgebaut ist, braucht bei all den Herausforderungen, wie wachsende Konkurrenz, ständig neue Auflagen und finanzielle Risiken, entsprechend faire Ertragschancen, um bestehen zu können. Große Unternehmen, denen die Rahmenbedingungen nicht mehr passen, wandern einfach in andere Länder ab, die besten Mitarbeiter und das Know-how inklusive. Bei der Gastronomie und in der Hotellerie ist das bereits seit Jahren ebenfalls der Fall – zumindest, was die Mitarbeiter betrifft.

Als Wirt hat man es da nicht so leicht. Man kann sein Unternehmen nicht einfach einpacken und steuerschonend in ein anderes Land verlegen. Nicht einmal das Zusperren ist – meist aufgrund der hohen Verschuldung – möglich. Was gerade noch geht: Dahinwurschteln und durch kleine – selbstverständlich „legale" – Steuertricks irgendwie überleben. Ich nenne das „erlaubten Mundraub", ein Begriff, den ich in meiner 10-jährigen ehrenamtlichen Tätigkeit als Beisitzer am Arbeitsgericht kennengelernt habe. Vorgebracht wurde er stets von Gewerkschaftsvertretern oder Juristen, die damit so manchen Kleindiebstahl eines in der Gastronomie Beschäftigten entschuldigten. Das Ergebnis: Freispruch.

Genau diesen „erlaubten Mundraub“, diese letzte Möglichkeit des Überlebens, will man den vielen kleinen, aufgrund der totalen Überregulierung an der Null-Linie dahinwankenden Betrieben jetzt auch noch nehmen. Die Folge wird ein massiver Kahlschlag in der ohnehin bereits überschaubaren heimischen Gastronomieszene sein. Und das ist noch lange nicht das Ende der Fahnenstange: Viele Lieferanten werden mitgerissen – Landwirte, Gemüsebauern, Viehzüchter, Bäcker, Fleischer ... und vor allem die Mitarbeiter, die dann mit Arbeitslosengeld am Leben erhalten werden. Geld, das womöglich genau aus jenen Steuermehreinnahmen stammt, die man vorher aus den Gastronomiebetrieben herausgequetscht hat. Irgendwie krank dieses System, oder?

Keine Frage, dass die Einführung der Bonlegungspflicht eine Vorgeschichte hat: Wie in jedem Beruf gab und gibt es auch in der Gastronomie schwarze Schafe, die den Bogen mächtig überspannt hatten. Steuerhinterziehung in einem Ausmaß, wie sie der eine oder andere Gastrokollege betrieben hat, fällt unter schweren Betrug. Dass diese Verbrechen zum Auslöser wurden, gegen sämtliche heimische Wirtshäuser eine ähnlich harte Steuergangart einzuschlagen wie gegen Millionenbetrüger, das halte ich für unverhältnismäßig und ungerecht.

Der unangenehme Begleiteffekt dieser Entwicklung: Fast-Food- und Systemgastronomieketten werden die stromlinienförmigen Anforderungen der Steuereintreiber am besten erfüllen, während die Konzernmutter meist steuerschonend auf einem anderen Kontinent sitzt. Ganz nebenbei sehen wir dort bereits, wohin der Wahnsinn führt: Ebenso schlecht ausgebildete wie bezahlte Mitarbeiter werden auf einen 08/15-Standard getrimmt und müssen nicht viel mehr tun, als antrainierte Sätze aufsagen und angelernte Bewegungen ausführen. Von der Qualität der Produkte reden wir hier schon lange nicht mehr. Und was wir brauchen, um satt zu werden, importieren wir einfach aus dem Ausland. Hauptsache Registrierkasse, schließlich muss man diese grundsätzlich „kriminellen Wirte" ja irgendwie kontrollieren. Und still und heimlich gehen dabei die letzten Vertreter der österreichischen Gastronomie-Kultur vor die Hunde ...

Nichtrauchertragödie in drei Akten

Wir hatten gerade stolze 1,5 Millionen Euro in die Hand genommen und unser Lokal total umgebaut. Schließlich ging es um die Umsetzung eines neuen Konzepts, das unser gastronomisches Überleben sichern sollte. Zur selben Zeit wurde in der Bundesregierung zum Thema „Nichtraucherschutzgesetz" diskutiert. Getreu dem österreichischen „Alles-halb-so-wild"-Stil, der meist in der ersten Phase einer drohenden Neuerung angewandt wird, brachten die Verhandlungen zunächst recht akzeptable Ergebnisse für die Gastronomie: Wirtschaftskammer und Bundesregierung vereinbarten, dass 51% der gastronomischen Nutzfläche für Nichtraucher rauchfrei genutzt und bis zu 49% für die Raucher frei gehalten werden dürfen. Natürlich brachten diese Vorschriften recht massive Umbauten und damit Investitionen für die meisten Gastronomen mit sich, aber dennoch: Man konnte mit der Regelung leben. Ein – wie sich später herausstellen sollte – verfrühtes Aufatmen ging durch die Wirtsstuben und Hotellobbys des Landes. Hatte es Österreich neben einigen anderen EU-Staaten doch scheinbar geschafft, eine gewisse Freizügigkeit innerhalb der neuen Vorschriften herauszuholen.

Manche träumten schon von paradiesischen Zuständen à la Las Vegas. (Zur Erklärung: In den ziemlich prüden Vereinigten Staaten, wo Rauchen ansonsten fast zu den Todsünden zählt, macht man nämlich für die Casino-Metropole großzügige Ausnahmen. Wer hier in Las Vegas mit der Zigarette im

Mund um sein Hab und Gut zockt, der wird nicht des Casinos verwiesen, sondern mit Aschenbecher, Drinks und auf Sonderwunsch sogar mit einer käuflichen Spielgefährtin versorgt. Millionen von Touristen stürmen diese „Oasen der Laster" und bringen den Luxushotels mit integrierten Spielcasinos Millionengewinne.) Würde etwa auch Österreich zur Insel der seligen Zigaretten-, Zigarren- und Wasserpfeifenraucher werden? Raucherfreundlichkeit als touristisches Alleinstellungsmerkmal für Österreich in Europa? Erste positive Folgen waren rasch zu spüren: Ganze Stammtischrunden aus Bayern wechselten in grenznahe österreichische Gastronomiebetriebe, Bürger aus anderen EU-Ländern, die viele Jahre nach Italien & Co. gepilgert waren, bereisten plötzlich Österreich und gaben das tolerante Rauchergesetz als einen der Gründe für den Besuch der Alpenrepublik an. Die Nächtigungsziffern stiegen.

Jetzt aber trat Stufe zwei von Österreichs traditioneller Zickzackstrategie in Kraft. Der „Alles-halbso-wild"-Phase folgte die „Ujegerl,-aber-wir-biegen-das-schon-hin"-Etappe. Hektisch wurden neue Verordnungen geboren: Nichtraucherbereiche allein waren nun zu wenig – jeder Gastwirt und Hotelier sollte jetzt auch dafür sorgen, dass diese Räume durch rauchfreie Zugänge erreichbar wären. Eine schier unlösbare Aufgabe für jene Wirte, die ihre Nichtraucherbereiche im hinteren Teil des Lokals eingerichtet hatten. Und wieder wurde in Österreichs Wirtshäusern und Hotels gehämmert, gebohrt und gestemmt, bis die rauchlosen Zugänge geschaffen waren. Manche Wirte konnten aus räumlichen oder aus finanziellen Gründen gar nicht erst an solche Umbauten denken. Damit alles seine Ordnung hat, trat – ungefragt, aber umso motivierter – die kleine, aber bissige Armee der Vernaderer und Rauchersheriffs auf den Plan: Wie einst Kopfgeldjäger durch die Prärie, zogen sie durch Österreichs Gastronomielandschaft, um die Nichtraucherzugänge und alle anderen Nichtraucherschutzmaßnahmen zu inspizieren und jeden noch so kleinen Verwaltungsfehler anzuzeigen. Mängellisten wurden aufgelegt, bei Nichterfüllung gab's doppelte und dreifache Strafen.

Weil viele – ohnehin schon bis an die Schmerzgrenze belastete – Wirte die Vorschriften nicht oder nicht zur Gänze einhalten konnten, klingelten in den Magistratsverwaltungen die Strafgeldkassen. Bis das Klingeln auch in den Behörden verstummte: Viele gaben auf und schlossen ihre Türen für immer. Wieder dutzende Wirte und Hoteliers in den Ruin getrieben und wieder der großen Kettengastronomie einen Wettbewerbsvorteil verschafft! Gratuliere!

Zugegeben, es meldeten sich in den Medien auch Gastronomen zu Wort, die werbewirksam angaben, bereits zu 100 Prozent rauchfrei zu sein und absolut kein Problem mit dem neuen Gesetz zu haben. Allerdings beachtete kaum jemand den Umstand, dass es sich dabei mehrheitlich um Gourmetlokale und Speiserestaurants handelte, die ohnehin schon Jahre zuvor auf „rauchfrei" umgestellt hatten.

Meine Überzeugung: Ein Restaurantchef und Unternehmer braucht kein Nichtraucherschutzgesetz, verordnet von einer Regierung, die sich in anderen Bereichen nicht gerade durch Tatkraft auszeichnet. Wer jemandem, der gerade ein gutes Essen genießt, den Rauch ins Gesicht bläst, dem fehlt's schlicht und ergreifend an gutem Benehmen und an der entsprechenden Erziehung. Armes Land, das glaubt, einen Mangel an guter Kinderstube und gegenseitigem Respekt durch Gesetze ausgleichen zu können!

Übrigens: Für mein Lokal „Josef" bedeutete der Zwang, einen rauchfreien Zugang zu schaffen, erhebliche Umstände: 12 Handwerker – Maurer, Maler, Installateure und Fliesenleger – rückten an, durchbrachen die einen Meter dicke Mauer des denkmalgeschützten, 120 Jahre alten Hauses und schufen zum Preis von 14.000 Euro den behördlich erforderlichen Eingang. (Den Geschäftsentgang durch eine Woche störende Bauarbeiten an der Haupteingangsfront unseres Unternehmens nicht mit eingerechnet!) Gut zwei Jahre gibt es diesen Eingang jetzt. Benutzt hat ihn seitdem noch kein einziger Gast!

Die Zeit verging, eine neue Regierungsmannschaft trat an. Diesmal mit dem Ehrgeiz behaftet, zum Nichtraucherschutzmusterschüler der gesamten EU zu werden. Österreich trat in die „Tut-leid,-aber-die-EU-ist-schuld"-Phase und startete einen letzten Großangriff auf die Gastronomie. Der mittlerweile siebenjährige Krieg gegen die Raucherzonen sollte ein für alle Mal beendet werden. Und wirklich: „Österreich ist rauchfrei!", verkündeten schließlich Kanzler und Vizekanzler freudestrahlend aus dem Bundeskanzleramt und man fühlte sich an die Unterzeichnung des österreichischen Staatsvertrages 1955 erinnert.

Die Wirte, von denen manche ihre Häuser bereits auf den Immobilienseiten anboten, versuchte man mit Beteuerungen zu beruhigen: In den EU-Ländern, in denen diese Nichtraucherschutzgesetze bereits umgesetzt worden wären, hätte kein einziger Wirt zusperren müssen, im Gegenteil, die Umsätze wären sogar gestiegen! – Kein Wort über die Zahlen der Gastronomieverbände Englands und Irlands, wonach in der Folge der Verordnung 20.000 Pubs schließen mussten, keine Rede von den 800 Gaststätten, die in Bayern für immer Sperrstunde machten.

Und wir in Österreich? Was wird im Jahr 2018 geschehen, wenn das Nichtraucherschutzgesetz bei uns voll in Kraft tritt? Wenn hunderte heimische Gastronomiebetriebe den traurigen Beispielen von England, Irland und Bayern folgen? Na, dann werden die Politstrategen wohl wieder mit Phase eins ihrer großartigen Taktik beginnen: „Alles-halb-so-wild". Wobei die Damen und Herren der Regierung eines nicht vergessen sollten: Für September 2018 sind Nationalratswahlen vorgesehen! (Vorverlegung wahrscheinlich.)

Trinken erlaubt, baden verboten!

Kein Hotelprospekt, in dem nicht auf großzügigen Fotos mit den Verlockungen eines luxuriösen Swimmingpools oder Whirlpools geworben wird. Darin ein offensichtlich verliebtes Pärchen, das einander mit Sektgläsern zuprostet. Im Hintergrund tief verschneite Berge, saftige Almwiesen oder eine andere jeweils passende Szenerie.

Dem glücklichen Pärchen und all jenen, die sich von dem Prospekt angesprochen fühlen, würde wohl der Spaß vergehen, wenn sie einen Blick in die Betriebsanlagenbewilligungsvorschriften werfen würden, mit denen sich Österreichs Hoteliers herumschlagen müssen, die so eine Poolanlage für ihr Haus planen.

Rückblende in die 1980er-Jahre: Ein behördlicher Bescheid für die ordnungsgemäße Errichtung von Restaurant, Küche, Poolbereich, Veranstaltungssaal und WC umfasst schlanke fünf Seiten. 2015: Für einen ähnlichen Antrag werden nun beachtliche achtundvierzig (!) Seiten benötigt, um alle Auflagen aufzulisten, die für eine Genehmigung notwendig sind. Peinlichst genaue, regelmäßige Kontrollen sowie Strafen und Schließung bei Nichterfüllung inklusive!

Ein besonders akribisch geprüftes Objekt auf der Liste der Hoteleinrichtungen: der Swimmingpool. Wohl niemand käme auf die Idee, die unzähligen, meistens mit Chemikalien aus dem Baumarkt vollgestopften Privat-Schwimmbecken auf ihre Wasserqualität zu prüfen. Auf die Pools der österreichischen Hotellerie aber wird ein Heer von Chemikern und Mikrobiologen losgelassen, ausgerüstet mit einem Arsenal von Prüfsubstanzen.

Weil wir gerade beim Thema „Wasser" sind: Schon mal überlegt, warum in österreichischen Hotels die Whirlpools fast verschwunden sind? In Asien zählen diese zu den Jungbrunnen, in Österreich werden sie als bloße Bakterienschleudern hingestellt. Es wird geprüft, geprüft und geprüft, bis selbst dem engagiertesten Hotelier die Lust vergeht. Also verzichten immer mehr auf diese Investition in eine doch recht kostspielige Luxusbadewanne. Wer will denn schon ein Whirlpool mit der Aufschrift „In unserem Trinkwasser zu baden, kann Ihrer Gesundheit schaden" in seinem Haus?

Und wieder versetzen Kontroll- und Regulierungswahn den Unternehmern Österreichs einen Tiefschlag im internationalen Wettbewerb: In den hundertfach gefilterten und zigfach wiederaufbereiteten Nutzwasserpools der gigantischen Bettenburgen der Welt rekeln sich zufriedene Urlauber – ganz ohne seitenlange Auflagen und Kontrollwahn – und in Österreich – dem Weltmeister in Wasserqualität – wird penibel kontrolliert wie sonst nirgendwo.

Der Satz eines heimischen Hoteliers bringt diesen typisch österreichischen Widerspruch auf den Punkt: „Wir verwenden das beste Trinkwasser der Welt in unseren Pools, aber baden dürfte man nicht darin."

Himmelreich mit Raucherlaubnis

Marina*, eine junge, hübsche Frau aus Rumänien, hatte sich in meinem Lokal für den Servicebereich beworben und ich – immer verzweifelt auf Suche nach Mitarbeitern – griff natürlich sofort zu. Ein halbes Jahr arbeitete sie jetzt schon bei uns und hatte sich bestens eingewöhnt. Sie sprach mittlerweile relativ gut Deutsch, die Gäste und Kollegen mochten sie, und die Arbeit machte ihr Spaß.

Zwischenbemerkung: Ich bin absolut dafür, dass man Gästen und Mitarbeitern eines Gastronomiebetriebes die Möglichkeit bietet, selbst zu entscheiden, ob sie in einem Bereich für Nichtraucher oder für Raucher sitzen beziehungsweise arbeiten möchten. In meinem Lokal halte ich das seit Jahren so.

Marinas Arbeitsbereich lag im Nichtraucherteil unseres Restaurants. Da sie aber selbst starke Raucherin war, traf ich sie in ihren Pausen oft im „Raucherkammerl" der Mitarbeiter an. Sogar sehr oft und auch während der Arbeitszeit, um genau zu sein. Aber so etwas akzeptiert man als Arbeitgeber.

Was ich dann plötzlich noch akzeptieren musste: Die Tatsache, dass Marina im zweiten Monat schwanger war! Als sie mir das eröffnete, freute ich mich natürlich mit ihr. Aber um ganz ehrlich zu sein – wenn ein Gastwirt so eine Nachricht von einer tüchtigen Mitarbeiterin erhält, dann rattern die Gedanken nur so los: Warum ausgerechnet jetzt? Wie halte ich meine Mitarbeitereinteilung aufrecht? Wie schaffe ich es, dass meine Gäste weiter optimal bedient werden?

* Name geändert

Wie vermeide ich einen Gästerücklauf und einen damit verbundenen Umsatzrückgang? (Letzteres eine Überlebensfrage in der mit geringen Deckungsbeiträgen agierenden und meist hoch verschuldeten Gastronomie.)

Okay, erst mal Marina freudig lächelnd zum Nachwuchs gratulieren und dann gleich die Firma informieren, die für mich die Personalabrechnung abwickelt. Ich muss ja wissen, wie die Gesetzeslage ist, ein Fehler bei der Behandlung einer schwangeren Mitarbeiterin kann fatale Folgen haben. Dass Marina von nun an nicht mehr am Sonntag arbeiten durfte, das wusste ich noch aus der Zeit, als ich selbst Betriebsratsobmann war. Obwohl: Warum ausgerechnet am Sonntag kein Arbeiten? Ist der Kellnerberuf am Samstag weniger gefährlich für Schwangere? – Na ja, Vorschrift halt!

Nächste Vorschrift: Sobald Marinas Schwangerschaft vom Arzt bestätigt war, durfte sie sich nicht mehr im Raucherbereich aufhalten. Grundsätzlich kein Problem, Marina war ja bei den Nichtrauchern im Einsatz. Allerdings: Die Schank, an der sich unsere Kellner die Getränke abholen, liegt im Raucherbereich, rund fünf Meter Raucherzone wären hier für Marina zu durchschreiten. „Geht so natürlich nicht!", sagt das Nichtraucherschutzgesetz. Die Konsequenz: Marina musste ihre Tätigkeit bei uns augenblicklich beenden. (Für solche Fälle wurde übrigens – zum Glück für uns Unternehmer – von den Sozialpartnern ein Fonds eingerichtet. Aus diesem erhielt Marina bis zum Eintritt in den Mutterschutz zwei Monate vor dem Geburtstermin ihr volles Gehalt.)

Finanziell änderte sich für Marina also absolut nichts. Traurig war sie nur, weil sie sich zwar rundum gesund und tatkräftig fühlte, aber ab sofort keine Beschäftigung mehr hatte. Die Mitarbeiter meines Lokals „Josef" waren ihre Freunde, ihre Familie geworden. Ja, und auch die Annehmlichkeiten, die ein saftiges Trinkgeld bietet, sollte man nicht unterschätzen …

Mit anderen Worten: Marina vermisste ihre Arbeitsstelle. Und weil man ihr zwar die Arbeit im „Josef", nicht aber den Besuch des Lokals verbieten konnte, erschien die junge Dame bereits an ihrem ersten eigentlich „dienstfreien" Tag im Lokal. Und das sollte bis kurz vor Geburt ihres Mädchens auch so bleiben. Welchen Platz die zum Gast mutierte Marina für ihre täglichen „Josef"-Besuche wählte? Die Bar im Raucherraum. Dort genoss sie meist einen Cappuccino und ab und zu ihre geliebte Zigarette.

Und noch etwas: Innerhalb von vier Jahren sind mir ähnliche Fälle nicht weniger als acht Mal untergekommen. „Des Menschen Wille ist sein Himmelreich", sagte einst ein deutscher Dichter. In einigen Fällen darf in diesem „Himmelreich" halt geraucht werden …

„Heute geschlossen – kein Personal, aber 500.000 Arbeitslose. Sorry, der Wirt!"

Martin Hintringer, Wirt

II. DIE LIEBEN MITARBEITER

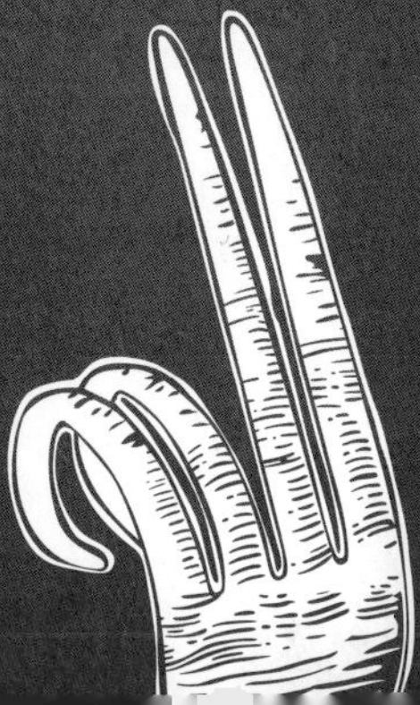

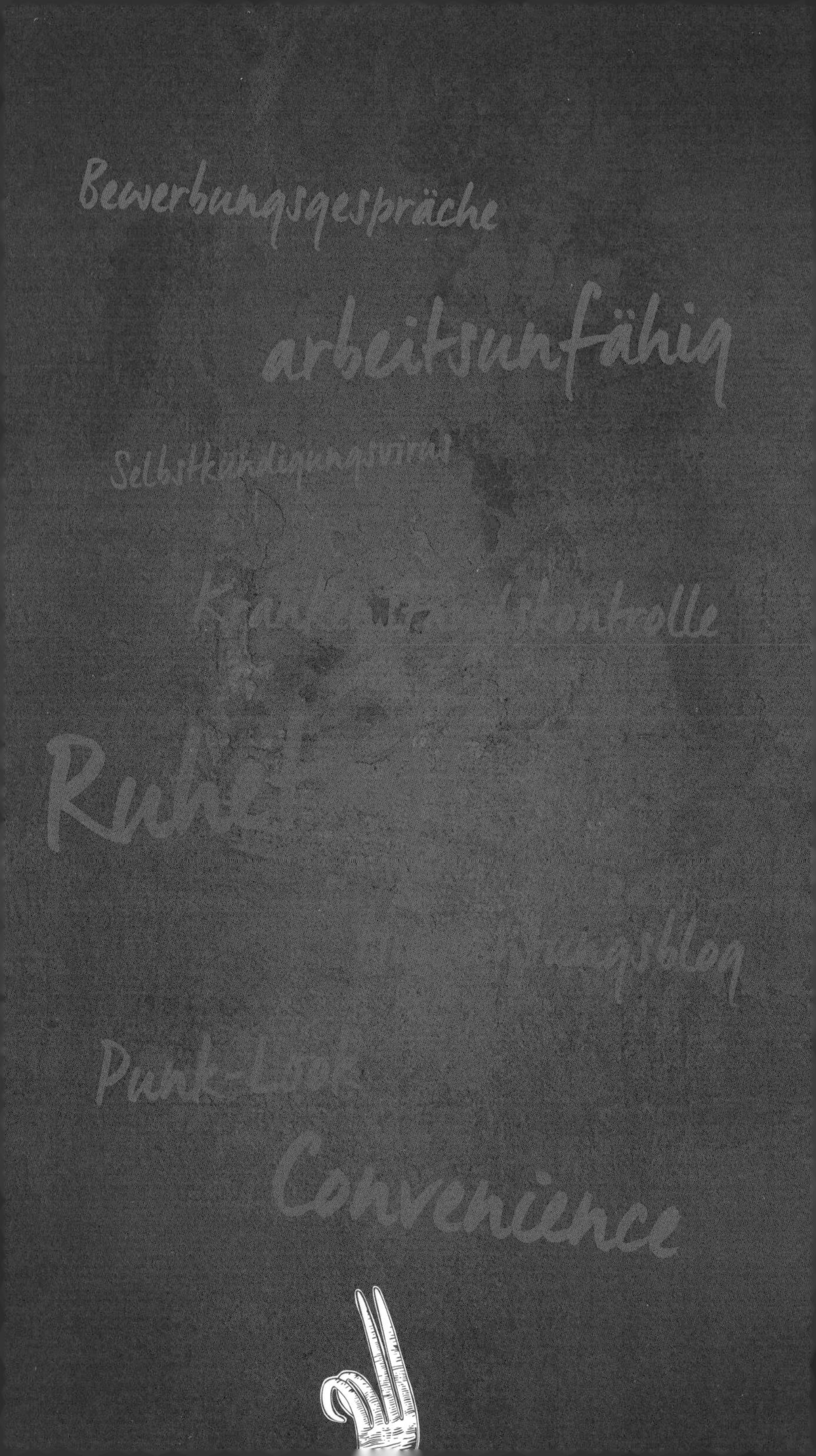
Bewerbungsgespräche
arbeitsunfähig
Ruhe
Convenience

Mitarbeiter, verzweifelt gesucht!

Wir waren wieder mal kräftig unter Druck, drei Mitarbeiter hatten ihren Job überraschend hingeschmissen. Die Begründungen? Dem einen waren acht Stunden Arbeit am Tag zu mühsam, ein anderer wollte einfach mal zwei Monate auf Staatskosten Auszeit nehmen und einer tauchte ganz einfach nicht mehr auf. Kopf schütteln, durchatmen – weitermachen! Aber um den Betrieb weiterführen und die gesetzlich vorgeschriebenen Arbeitszeiten für die verbliebenen Mitarbeiter einhalten zu können, brauchten wir Ersatz. Herkunft, Kultur, Geschlecht der gesuchten Mitarbeiter? Egal! Gastronomische Vorkenntnisse? Schön wär's, aber wir sind ja Realisten! Die von uns definierten Minimalvoraussetzungen: Engagement und ein halbwegs tageslichttaugliches Auftreten.

Also hinein in die Mitarbeitersuche! Von den Verdienstmöglichkeiten und den Karrierechancen her ist die Gastronomie ja eine überaus chancenreiche Branche. Ist ja wohl kein Zufall, dass der Spruch „Vom Tellerwäscher zum Millionär" gerade so und nicht anders lautet. Viele international erfolgreiche Hoteldirektoren etwa haben ihre Karriere als Pagen oder Kellnerlehrlinge gestartet. Doch ging es vor einigen Jahren bei der Mitarbeitersuche noch darum, die bestmöglichen Leute für das Team auszuwählen, lautet heute oft die Devise: „Nehmen, was man kriegen kann!" Denn trotz Heerscharen von Arbeitslosen sind Mitarbeiter ungefähr so leicht zu finden wie die berühmte Nadel im Heuhaufen. Vielleicht geht's uns allen einfach immer noch zu gut?

Nachdem wir einige großflächige und damit sauteure Stellenanzeigen in gleich vier verschiedenen Tageszeitungen geschaltet hatten, durften wir uns über eine ordentliche Resonanz freuen: Knapp 50 Bewerbungen gingen für die drei ausgeschriebenen Stellen ein. Nach einer ersten Sichtung vereinbarten wir 42 Vorstellungsgespräche mit den möglichen neuen Mitarbeitern, aufgeteilt auf eine lange Woche. Die Termine gaben dabei meist nicht wir vor, sondern die Bewerber. Wir kämpften uns durch eine Menge von „Da kann ich nicht!", „Morgen ist es ganz blöd!" und „Geht's nicht etwas später?", bis es uns letztlich mittels logistischer Höchstleistungen gelang, alle Wünsche und terminlichen Anforderungen unserer Stellensuchenden unter einen Hut zu bringen.

Dann kam die mit Spannung erwartete Woche der Gespräche – und schnell machte sich Ernüchterung breit. Verlässlichkeit und Elan sind Eigenschaften, mit denen unsere Bewerber offensichtlich nicht gerade reich gesegnet waren: Von den 42 Damen und Herren, mit denen Termine vereinbart waren, entschlossen sich 36 (in Worten: sechsunddreißig!), erst gar nicht zu kommen. Und das alles ohne telefonische Absage, ohne Entschuldigung und natürlich ohne Bitte um einen neuerlichen Termin.

Soll ich noch erwähnen, dass ich wegen einiger dieser Bewerbungsgespräche extra von zu Hause in unseren Betrieb gefahren bin (immerhin mehr als eine halbe Stunde Weg), nur um festzustellen, dass die Dame oder der Herr Arbeitssuchende nicht erscheint? Also, wenn mir noch mal einer mit dem Gejammer kommt, dass es so viele Arbeitswillige und so wenig Arbeit gäbe, dann kann ich ihm gleich mal 36 Argumente nennen, warum ich das ganz und gar anders sehe!

Spritzer „aufs Haus"

Ein Stockwerk über meinem Lokal befindet sich ein Veranstaltungssaal. In eben diesem saß ich, unterhielt mich prächtig, als mein Handy läutete. An der Leitung: Andreas, mein Sohn, der ebenfalls in unserem Betrieb arbeitet. Ziemlich aufgeregt: „Wir werden von einigen Mitarbeitern bestohlen, geh schnell runter ins Lokal und stopp diese Mafiabande!" Zur Erklärung: Mein Sohnemann war nicht vor Ort, er beobachtete das Geschehen, das ihn so aufregte, von zu Hause aus auf dem Display seines „iPads". Aus Sicherheitsgründen (Einbruch, Diebstähle, Raufereien, Drogendelikte…) hatten wir nämlich in unserem Restaurant Überwachungskameras installiert. Und die präsentierten meinem Sohn Unglaubliches: Einige meiner Mitarbeiter fabrizierten da munter aus Resten von geöffneten, halb vollen Weinflaschen „G'spritzte". Nicht, um den eigenen Durst zu löschen, sondern um sie fröhlich den Gästen zu servieren! Ohne zu bonieren, sozusagen am System vorbei!

Ich beruhigte meinen Sohn und eilte einen Stock tiefer, um der Sache auf den Grund zu gehen. Das Lokal brechend voll. Deshalb bemerkte mich unser Schankbursch auch nicht, als ich beobachtete, wie er aus einem Zwei-Liter-Glaskrug eifrig G'spritzte ausschenkte. Die – insgesamt acht – perfekt funktionierenden 300.000-Euro-Getränkeschankanlagen des „Josef" ignorierte er dabei. Ich ging zum Restaurantleiter und erzählte ihm von meiner Beobachtung. Der spielte den Überraschten, lief hinter die Schank und wechselte ein paar Worte mit dem – übrigens nur griechisch sprechenden – Burschen. Dass mir der „ahnungslose“ Restaurantleiter den Rest des Tages aus dem Weg ging und die Sache mit keinem Wort mehr erwähnte, gefiel mir ganz und gar nicht.

Am nächsten Tag besprach ich die Angelegenheit mit Andreas. Die Sache lag auf der Hand und war durch die Videoaufnahmen klar zu erkennen: Gleich eine ganze Gruppe von Mitarbeitern rund um unseren „ahnungslosen“ Restaurantleiter hatte auf eigene Rechnung G'spritzte verkauft. Sie gingen dabei mit krimineller Raffinesse vor: Den Wein holten sie sich aus Flaschen, die bei unseren fast wöchentlichen Weinverkostungen zwar geöffnet, aber nicht ausgetrunken worden waren. Diese Flaschen hatte ich ohne nachzudenken an die Küche geschickt, Kochwein wird ja immer gebraucht. Die betrügerische Gruppe hatte nun die Flaschen versteckt und bei Bedarf für die Herstellung von „Spritzern“ eingesetzt. Das dazugehörige Sodawasser war leicht zu bekommen, schließlich war das ja in unserem Betrieb für Mitarbeiter kostenlos erhältlich. Gestohlener Wein plus Gratis-Soda – na, diese Mini-Mafia hatte sich einen recht profitablen Geschäftszweig aufgemacht!

In seinem jugendlichen Elan wollte Andreas sofort die Polizei einschalten, ich bremste ihn aber. Angesichts der aktuellen Überlastung der Exekutive hätten die Herren wohl kaum Zeit, sich um ein paar G'spritzte um je 3,30 Euro zu kümmern. Oder waren es vielleicht doch mehr? Denn bald mussten wir feststellen, dass auch einer unserer besten Mitarbeiter unter den Betrügern war. Eine persönlich recht schmerzhafte Erkenntnis, ich hatte mich sehr für den jungen Mann eingesetzt, ihm mehrfach bei der Verlängerung seiner Arbeitsbewilligung geholfen und ihn so vor der Ausweisung bewahrt. Die kriminelle Energie dieses Mannes ging noch einen Schritt weiter, wie ich später feststellen musste: Er zog im „Alleingang“ noch einige andere Betrügereien auf meine Kosten durch. (Auch wenn ich sonst ein heftiger Kritiker der Bonlegungs-Schikaniererei bin, muss ich zugeben: Heute haben es solche Kerle dank der gesetzlichen Rechnungslegungspflicht – Stichwort: „Registrierkasse“ – nicht mehr so einfach.) Die Gruppe an Mitwissern war offensichtlich immer größer und immer gieriger geworden, manche konnten nicht genug bekommen.

Und dann die nächste Entdeckung, die für mich auch die nächste große menschliche Enttäuschung brachte: Der Anführer der Betrüger-Truppe war mein Teamleiter! Gerade zu ihm hatte ich in den Jahren eine intensive persönliche Beziehung aufgebaut. Oft waren wir nach der Sperrstunde stundenlang beisammengesessen und hatten über seine Probleme gesprochen. Über seinen verhängnisvollen Drang zum Alkohol. Über seine geschiedene Frau, die ihn letztlich aus der Wohnung geworfen hatte. Über seine Tochter, die er dann – auch dank meiner Vermittlung – wieder sehen durfte. Dass ich ihm ein paar Wochen vor dieser Entdeckung noch ein Smartphone geschenkt hatte, machte meine Wut auf den Kerl, aber auch auf mich selbst perfekt.

Handeln war also dringend angesagt. Doch da gab es ein Problem: Einige der stärksten Tage im Jahr – Faschingsdienstag und Aschermittwoch – standen bevor. Ich konnte doch nicht gerade jetzt – bei ohnehin ständigem Mangel an Mitarbeitern – gleich vier von ihnen auf einen Streich rausschmeißen! Auf die Schnelle Ersatz bekommen: unmöglich. Meine Strategie: Anwesenheit, Anwesenheit, Anwesenheit! An den hektischen Tagen war ich von der ersten bis zur letzten Minute im Betrieb. Wie eine Amsel, die ihr Nest schützt, schwirrte ich vor den Bars und Schankanlagen umher, bis zu 18 Stunden täglich. Auf diesem Weg wollte ich den Mafiosi keine Gelegenheit für ihr übles Treiben geben.

Der Tag der Abrechnung kam dann zu Beginn der folgenden Fastenzeit. „Endlich“, denn mehr als einmal war es mir auf der Zunge gelegen, den diebischen Kerlen meine Meinung zu sagen. Einer nach dem anderen trottete schließlich in mein Büro, einer nach dem anderen erhielt die Kündigung und den deutlichen Hinweis, dass ich Bescheid wisse und auch über genügend Beweise für ihr kriminelles Verhalten verfüge. Der Truppe war der Ernst der Lage klar, und dass sie gerade noch mit einem blauen Auge – weil ohne Anzeige – davongekommen war.

Schon ein paar Tage später, der Anruf einer sehr netten Wirtskollegin. Die gesamte Bande – alle vier Herren – hätte sich geschlossen bei ihr für einen neuen Job beworben. Ob die Jungs denn gut gearbeitet hätten? Ich machte sie darauf aufmerksam, dass es laut Arbeitsschutzgesetz gesetzlich verboten sei, negative Auskunft über ehemalige Mitarbeiter zu geben. Und dass mich das in einem ganz ähnlichen Fall schon mal 2.000 Euro Strafe gekostet hat. Diese Antwort und mein Schweigen sprachen jedoch Bände – die Kollegin stellte die Truppe nicht ein. Es gab auch weitere Nachfragen, die nach demselben Muster abliefen. Oft muss man nicht viele Worte verlieren, um etwas auszudrücken … Schließlich hat das diebische Quartett dann aber doch wieder in einem gastronomischen Betrieb Unterschlupf gefunden. Pikanterweise bei meinem ehemaligen Unternehmensberater, der von mir unfreiwillig mit Insiderwissen ausgestattet wurde und nun ein Lokal in der Nähe meines „Josef" führt. Das Schicksal geht oft verrückte Wege!

Im Nachhinein kommt mir noch eine bittere Erkenntnis: Immer wieder hatte ich versucht, unsere Mitarbeiter mittels kostspieliger Fortbildungsveranstaltungen und Trainings zu Zusatzverkäufen zu motivieren: „Salat zum Schnitzel", „extra Beilage zur Hauptspeise", „ein Kaffee nach dem Essen" … Bei einem Teil meiner Truppe waren diese Schulungen offensichtlich auf fruchtbaren Boden gefallen. Nur hätte ich mir das mit dem Zusatzgeschäft ganz anders vorgestellt …

Der „wohlverdiente“ Ruhestand

Gar so viele Bereiche gibt es ja nicht, in denen Österreich internationale Spitze darstellt. Skifahren gehört dazu, ja, … und … Frühpensionen. In letztgenannter Disziplin sind wir wahrlich absolute Weltmeister. In kaum einem Land der Welt wird früher und länger in den Ruhestand gegangen als bei uns. Und während uns die politisch Verantwortlichen unverdrossen vorgaukeln, dass unsere Pensionen sicher wären, schlägt unser Hausverstand schon lange Alarm. Weil sich das mit den immer mehr und immer längeren Pensionen bei immer weniger Menschen im Arbeitsprozess doch irgendwie nicht ausgehen kann.

Ein trauriges Beispiel dafür gibt der ehemalige Küchenchef eines Mitbewerbers ab. Ja, er war etwas übergewichtig und ganz sicher auch gesundheitlich angeschlagen. Und dass man ihn deshalb – mit gerade einmal 30 Jahren! – in Frühpension schickte, war auf den ersten Blick wahrscheinlich sogar verlockend für den jungen Mann: ein Leben lang bezahlte Freizeit, nichts mehr tun, außer 365 Tage Urlaub im Jahr zu genießen … herrlich!

Umschulung? Nein, er hatte den Beruf Koch erlernt, hatte ihn einige Jahre ausgeübt, er lebte dafür. Auf einen körperlich weniger belastenden Beruf wollte er sich partout nicht umschulen lassen. Und – Hand aufs Herz – welcher g'standene Österreicher lässt sich schon die Chance auf eine Frühpensionierung entgehen, wenn sie ihm so verlockend angeboten wird?

Trotzdem kein Happy End für den frühen Ruhestandler: Immer wieder besucht er mich in meinem Lokal, um nach einem Job zu fragen. „Nur für ein paar Stunden die Woche, schwarz bezahlt natürlich.“ Warum er wieder in die Küche wolle? Anders könne er sich seinen Lebensstandard einfach nicht mehr leisten, und die vielen Schulden müssten ja auch irgendwie bezahlt werden. Interessant, dachte ich: arbeitsunfähig für einen offiziellen Job in der Küche, aber gesund genug für Schwarzarbeit um ein paar Hunderter.

Natürlich wäre es bei der herrschenden Personalknappheit überaus verlockend gewesen, eine gut ausgebildete Fachkraft wie ihn zu engagieren und es uns allen damit etwas einfacher zu machen. Die Mitarbeiter hätten weniger Überstunden, der Frühpensionist mehr Geld. Aber: Wie sollte ich ihn bezahlen? Schwarzgeld gibt's bei uns sowieso keines, und das Personalbudget war bereits verplant. Ich bin ja schon froh, wenn ich bei all den Steuern und Abgaben unsere 16 Mitarbeiter in der Küche entsprechend entlohnen kann. Also doch weiterhin „365 Tage Urlaub im Jahr“ für den nicht mehr ganz so glücklichen Frühpensionisten.

Zurück bleiben ein junger Mann, der angeblich doch wieder arbeiten will und kann, und ein Arbeitgeber, der ihm auf legalem Wege keine Arbeit geben kann. Die Ursache? Ein Sozialsystem, das seine Hängematten zwar äußerst dicht flechtet, den Weg zurück zur Arbeit aber mit jeder Menge Stolpersteinen pflastert.

SKV – das „Selbstkündigungsvirus"

Alle Jahre wieder rollt sie in der Gastronomie an: die Kündigungswelle. Genauer gesagt: die Selbstkündigungswelle. Meistens erfolgt sie im Jänner nach kräfteraubenden Weihnachtsfeiern, oder auch im Sommer, zu Beginn der Urlaubszeit. In den allermeisten Fällen treten solche Ereignisse aber spontan und in Verbindung mit einem am nächsten Tag folgenden Krankenstand auf. Warum einer solchen Selbstkündigung gleich am Tag danach stets eine plötzliche Erkrankung folgt, ist wohl auch ein medizinisches Rätsel. Muss ein bis dato unerkanntes Virus sein. Ich nenne es mal das SKV (SelbstKündigungsVirus).

Vorausplanende Mitarbeiter, die ihren pünktlich das Gehalt überweisenden Arbeitgeber rechtzeitig über ihre Kündigungsabsicht informieren und sich auch während der Kündigungsfrist fair verhalten, sind selten. Aber es gibt sie. Da war etwa Konstantin*, der sich bei uns innerhalb von knapp sechs Jahren zum stellvertretenden Küchenchef emporgearbeitet hatte: Bereits im Jänner eröffnete er mir, dass er beabsichtige, uns zur Sommersaison zu verlassen. Begründung: Er würde gerne mal in einem anderen Unternehmen Erfahrungen sammeln und sich weiterbilden. Ja, und Konstantin fragte sogar noch, ob ich ihm bei der Auswahl eines neuen entsprechenden Betriebes helfen würde. Ich sagte gerne zu. Wir hatten ausreichend Zeit, diesen für uns so wichtigen Posten nachzubesetzen. Konstantin versprach, seinen Nachfolger entsprechend einzuarbeiten und auch etwaige gesetzliche Kündigungsfristen einzuhalten. Obwohl:

* Name geändert

Auf Verträge zu pochen, war in diesem Fall nicht nötig. Unter guten Freunden und mit fairen Mitarbeitern spricht man sich einfach ab.

Leider ist Konstantin meiner Erfahrung nach ein seltener Fall. Viele meiner Mitarbeiter wählten einen anderen Weg. Zu meiner großen Enttäuschung oft auch jene, die ich schon lange gekannt und auf die ich mich verlassen hatte. Ohne ein Fünkchen Verantwortungsbewusstsein und Loyalität vertschüssten sie sich am ersten Tag nach der Kündigung in den Krankenstand. SKV, Sie wissen schon. Obwohl: „Plötzlich erkrankt am Selbstkündigungsvirus“ hat bisher noch kein Arzt diagnostiziert, eher schon Symptome irgendeiner psychischen Erkrankung. Viele Ärzte machen bei diesem großen Theater mit. Traurig, aber eigentlich logisch, denn immerhin verdient diese Spezies ja auch ihre Brötchen mit der (angeblichen?) Unpässlichkeit der Patienten und nicht mit der Enthüllung einer vorgetäuschten Krankheit.

Völlig egal, wie verdächtig punktgenau eine solche offensichtlich unglaubwürdige Spontanerkrankung auftritt – wenn jemand sagt, er wäre krank, wer wagt es da schon, das Gegenteil zu diagnostizieren? Vor allem dann, wenn Arbeit schon mal grundsätzlich als krank machender Faktor angesehen wird. Wie etwa bei der Arbeiterkammer, die mir eines Tages irrtümlich einen Mitarbeiter-Fragebogen zuschickte. Ich sollte da unter anderem die Höhe des Mobbing-Faktors einschätzen, der ja laut Arbeiterkammer-Denke wohl jedem Krankenstand zugrunde liegen würde.

Freilich, als Kind hatte man auch mal keine Lust, zur Schule zu gehen. Vielleicht aus Angst vor einer wichtigen Prüfung oder einer unangenehmen Schularbeit. Nur blieb so ein Fehltag in der Regel folgen- und kostenlos. Im Wirtschaftsleben sieht das anders aus. Hier zahlt der Unternehmer bis zu 42 Tage des Krankenstandes und muss dazu auch noch den personellen Ersatz finanzieren. Der Urlaubsanspruch läuft natürlich weiter. Auf die angeblich so gefürchteten Krankenstandskontrolleure der Krankenkassen ist leider auch wenig Verlass. Diese Berufsgruppe legt zwar bei der Suche nach möglichen Abgabenverfehlungen von Unternehmern einen besonderen Eifer an den Tag, für die Prüfung tausender vorgetäuschter Krankenstände bleibt dann aber wohl weniger Zeit. Ich möchte fast wetten: Die erhofften Mehreinnahmen in Sachen Registrierkasse sind im Vergleich zu den Kosten, die das „Krankfeiern" verursacht, nicht viel mehr als der viel zitierte „Lercherlschas". Aber ich hör lieber auf, mich aufzuregen. Sonst werde ich am Ende noch krank … und das kann ich mir als Unternehmer nicht leisten.

Gedanken eines Kellners, Nr. 1

Lieber Gast!

Natürlich freue ich mich wie ein Verrückter, wenn Sie kurz nach elf noch ein üppiges Frühstück verlangen, obwohl ich alles schon frisch für den Mittagstisch eingedeckt habe und die angemeldete 50-köpfige Reisegruppe in zehn Minuten eintreffen wird.

Selbstverständlich können Sie unser WLAN gratis benutzen. Auch Ihr Handy und Ihren Laptop dürfen Sie bei uns aufladen, der Strom kommt schließlich aus der Steckdose und kostet so gut wie nix.

Geht in Ordnung, dass Sie „Momentan nix!" wollen, halt „Nur ein Glas Leitungswasser!". Ich arbeite gerne gratis, mein Gehalt zahlt ohnehin mein Chef und nicht Sie.

Keine Frage, dass Sie bei uns auch nur auf einen Toilettenbesuch vorbeikommen dürfen, so ganz ohne Bestellung. Wasser, WC-Papier, Lüftung, Seife, Einrichtung, Instandhaltung und Reinigung gehen selbstverständlich aufs Haus. Dass Sie sich beim Hinausgehen noch über das „nur lauwarme Wasser" beschweren, ist Ihr gutes Recht.

Freilich stehe ich drüber, wenn ich von Ihnen zunächst völlig ignoriert und schlussendlich mit einem „Todesblick" bestraft werde, wenn ich zum dritten Mal versuche, Ihnen eine Bestellung zu entlocken.

Ein guter Kellner beherrscht schließlich die Kunst des „Kundenwünsche-von-den-Augen-Ablesens“ und muss nicht lästig nachfragen.

Sehr gerne akzeptiere ich hocherfreut, dass aus den 15 von Ihnen vorbestellten knusprigen Enten jetzt, wo Sie hier sind, doch nur mehr acht geworden sind, und sieben Ihrer Freunde à la carte essen wollen. Ich kann es auch gar nicht erwarten, diese Umbestellung unserem Küchenchef mitzuteilen. Ein bisschen Flexibilität kann man von ihm schon verlangen, da haben Sie völlig recht, lieber Gast.

Der ganz normale Gastro-Alltag, Nr. 1

Wochenende, Samstag. Anita* hatte Abenddienst. Sie war im dritten Lehrjahr und eine unserer tüchtigsten Servicelehrlinge, gehörte zu jenen, die blitzschnell kapieren, wenn wo eine helfende Hand gebraucht wird. Freundlich, schnell, hilfsbereit, kompetent – eines jener Goldstücke, wie man sie leider immer seltener findet.

Natürlich durfte sie mit diesen Voraussetzungen bereits eine eigene kleinere Station führen. Und das Vertrauen war mehr als gerechtfertigt: Von den Gästen kamen durchwegs positive Rückmeldungen, Anita war auf dem besten Weg, ihren Beruf zur Berufung zu machen. An diesem Abend betreute Anita auch eine Gruppe von jungen Leuten, die bei uns Geburtstag feierte. Sie hatten ihre eigene Geburtstagstorte mitgebracht, wir lieferten Dessertteller und Besteck dazu. Für uns eine Selbstverständlichkeit, auch, weil die Gäste mit Getränken und Speisen für Umsatz sorgen. Gastronomie bedeutet eben nicht nur nehmen, sondern auch geben.

Plötzlich lief Anita aufgeregt zum Restaurantleiter: Ihre Wange war innerhalb kürzester Zeit völlig angeschwollen, sie konnte kaum noch sprechen. Trotz allen Trubels fuhr unser Restaurantleiter die Arme ins nahe Krankenhaus und blieb dort, bis sie in guten Händen war. Dann nichts wie zurück ins Lokal! Dort war gerade der Teufel los. Wochenendbetrieb eben. Es war einer dieser speziellen Samstage, an denen alles zusammenkommt: Anitas geschwollene Wange, ein lauer Frühlingsabend, zwei größere

* Name geändert

Gesellschaften mit aufwendigen Menüs und wechselhaftes Wetter, das die Gäste ständig von drinnen nach draußen und wieder zurück wandern ließ. Ein richtiggehender Ameisenhaufen! Die meisten Kellner mussten – wie an solchen Ausnahmetagen unvermeidbar – eine zusätzliche Station übernehmen, eine Riesenherausforderung, von der die Gäste natürlich nichts mitbekommen sollten.

Klar, Anitas Arbeitskraft fehlte an allen Ecken und Enden. Kollege Ferdinand* übernahm ihre Station mit den Geburtstag feiernden jungen Gästen – eine gewaltige zusätzliche Aufgabe! Anfangs dauerte es für die Gäste noch etwas länger, weil Ferdinand erst einen Überblick über die Tische und die verschiedenen Bestellungen bekommen musste. Unser Restaurantleiter schaltete sich ein, um die ungeduldigen jungen Geburtstagsgäste zufriedenzustellen. Der eine oder andere spontane Unmut löste sich in offensichtliches Wohlgefallen auf, alles pendelte sich wieder ein. Zufriedene Gesichter allerorts, die Geburtstagsgäste blieben sogar bis lange nach Mitternacht. So, wieder eine Extremsituation in einem gemeinsamen Kraftakt überstanden! Alle Gäste zufrieden. Könnte man meinen …

Nächster Tag. Mein freier Tag. Beim Abarbeiten meines Mailverkehrs stoße ich auf einen regionalen Gastroblog mit immerhin 14.000 Followern. Der Inhalt, der mir schmerzhaft ins Auge sticht: eine denkbar üble Kritik über unser Lokal. Verfasser: die Geburtstagsgruppe vom Vortag. Ich rufe unseren Re-

* Name geändert

staurantleiter an, der ebenfalls seinen freien Tag hat, und frage, wie es am Vortag aus seiner Sicht gelaufen wäre. Er versichert mir, dass er sich mehrmals entschuldigt und die ganze Geburtstagsrunde sogar auf ein Glas Prosecco eingeladen hätte. Auch die gesundheitliche Malaise mit unserer jungen Mitarbeiterin Anita hätte er den Gästen erklärt. Verständnisvolles Nicken, die Geburtstagsrunde ging scheinbar hochzufrieden heim. Nicht bevor man sich noch beim Restaurantleiter herzlich für den schönen Samstagabend bedankt hatte.

Und dann das: In dem Blog wurde gehetzt, geschimpft und fertiggemacht. Übelste Vorwürfe kamen zur Sprache, weit unterhalb jeder Gürtellinie. Ein paar fingen an mit der Schimpfkanonade, viele andere ließen sich gleich anstecken, wohl um ihrem Frust Ausdruck zu verleihen. Als hätten sie nur darauf gewartet, ihre Wut auf die Wirte, das Service, die Preise, das Essen, das Personal und das Leben im Allgemeinen rauszulassen. Man forderte mich sogar auf, in diesem „öffentlichen Hinrichtungsblog" Stellung zu beziehen. (Bisher hatte ich das schon ein paar Mal getan, vor allem um Kollegen beizustehen, die im Zentrum eines ähnlichen Entrüstungssturms standen.) Kurz überlegte ich noch, ein freundliches Entschuldigungsschreiben an die Geburtstagsrunde zu adressieren, ließ es aber bleiben. Auf diese weder angemessene noch nachvollziehbare, sondern beleidigende und geschäftsschädigende „Kritik" wollte ich ganz bewusst nicht antworten. Ich hatte an diesem, meinem freien Tag schlicht und einfach keine Lust dazu. Und außerdem: Irgendwann merkt man, dass derlei Reklamationen oft einzig und allein auf eines abzielen – ein gratis „Wiedergutmachungsessen" für die ganze Gruppe. Nein danke, diese Freude wollte ich dieser feinen Geburtstagsrunde ganz sicher nicht machen!

Übrigens: Bei Anita wurde eine starke akute Nervenentzündung im Gesicht diagnostiziert. Sie musste für einige Tage im Krankenhaus bleiben.

Der ganz normale Gastro-Alltag, Nr. 2

Sonntag Ruhetag? Weit gefehlt, zumindest in der Gastronomie. Auch bei uns war das nie anders. Andreas, mein Sohn, hatte Sonntagsdienst. Unser „Sonntagsfrühstück" stand wieder mal auf dem Plan: 40 Meter Buffet von neun Uhr morgens bis zwei Uhr nachmittags. Und für knapp über 20 Euro kann sich an diesen 40 Metern jeder Gast nach Herzenslust bedienen, sooft er will. Bis zu 360 Frühstücksgäste sind an so einem Sonntag normal, oft sind wir bis zu sechs Wochen im Voraus ausreserviert. Und das seit rund 25 Jahren!

„Ein Sch…tag heute", hechelte Andreas gestresst ins Telefon. Von den ohnedies nur sieben Servicemitarbeitern waren zwei nicht erschienen. Wieder einmal. Kein Anruf, keine Infos. Das restliche Team verärgert, musste aber durch. Der große Stress war wieder mal vorprogrammiert. Leider keine Ausnahme, sondern fast schon die Regel. Da lohnt sich doch einmal ein genauer Blick darauf, welches Schicksal die beiden Mitarbeiter daran gehindert hatte, zum vereinbarten Sonntagsdienst zu erscheinen. Keine spektakulären Fälle, nichts Ungewöhnliches, sondern traurige Realität, mit der sich ein Wirt täglich herumschlagen muss:

Hung*, unser vietnamesischer Kellnerlehrling, war nicht gekommen. Schon der zweite Tag, an dem er unentschuldigt nicht am Arbeitsplatz erschienen war. Erreichen konnte man ihn auch nicht. Ein Anruf bei der Gebietskrankenkasse bestätigte uns, dass er sich auch dort nicht krankgemeldet hatte. Auch An-

* Name geändert

rufe bei seinen Eltern blieben erfolglos, niemand hob ab. Erst später erfuhren wir, dass die ganze Familie auf Heimaturlaub in Vietnam weilte. Für uns bedeutete das unnötige Extraarbeit, Aufwand und Ärger. Abmelden durften wir unseren verschwundenen Mitarbeiter auch nicht, davor ist ein Mediationsgespräch im Beisein eines Vertreters der Arbeiterkammer gesetzlich vorgeschrieben. Erst als die Familie gut zehn Tage später aus Vietnam zurückkehrte, durften wir erfahren, dass der gute Hung einfach nicht mehr bei uns arbeiten wollte. Hätte er uns das gleich gesagt, hätten wir uns den sonntäglichen Ärger erspart. Und natürlich den Lohn, den wir Hung für den gesamten „dienstfreien" Zeitraum auszahlen mussten. Seltsame Gesetze, ist aber so.

Bei Markus*, der andere Mitarbeiter, der uns an diesem verflixten Sonntag versetzt hatte, sah die Sache etwas anders aus. Sagen wir mal so: Er hatte am Vortag einen zu viel getrunken. Er entschuldigte sich zwei Tage später auch reumütig. Wir drückten alle Augen zu. Den Luxus von harten Konsequenzen können wir uns ohnehin nicht leisten, denn trotz rund 500.000 Arbeitsloser in Österreich sind Kellner schwer zu finden.

Probleme mit Mitarbeitern können aber auch von einer ganz anderen Seite kommen, als die vorhin genannten Beispiele. Einen Tag, nachdem uns Markus sein Geständnis gemacht hatte, heavy business as usual: Unsere beiden Restaurantleiter-Stellvertreter hatten ihren zweiten freien Tag. In einem

* Name geändert

Extrastüberl durfte ich einen Vortrag über mein tibetisches Waisenhausprojekt halten, während ich zur gleichen Zeit, ein Stüberl weiter, in Abwesenheit zum stellvertretenden Präsidenten des regionalen Kiwanis Clubs gewählt wurde. Und im Restaurant wartete eine Gruppe von Gastronomen, denen ich etwas über unser gastronomisches Konzept erzählen sollte. Plötzlich platzt Roman*, einer unserer verlässlichsten Servicemitarbeiter, in meinen Vortrag: „Kommen Sie schnell! Kellnerin Margit* liegt am Boden und schreit vor Schmerzen wie verrückt!" Ich entschuldige mich, renne zur Gläserspüle. Margit, unsere Barkellnerin, liegt in voller „Servicemontur" mit Handcomputer, prall gefüllter Brieftasche und Bondrucker am Boden und windet sich vor Schmerzen. Ich richte sie auf, reiße ihr den Gürtel mit allen Arbeitsgeräten herunter, löse ihre Krawatte. Sie leidet offensichtlich unter fürchterlichen Krämpfen, schluchzt herzzerreißend. Ich handle wie ferngesteuert, in meinem Stress rufe ich zuerst die Feuerwehr statt die Rettung an. Egal, gleich würde Erste Hilfe da sein. Ich verscheuche die vielen schaulustigen Restaurantgäste, rede immer wieder auf Margit ein. Sie selbst kann so gut wie gar nicht sprechen, die Schmerzen scheinen zu groß. Endlich! Das Rote Kreuz ist da. Sie bringt keinen Satz heraus. Schmerzen, Tränen, schnell rauf auf die Notliege und durch die gaffende Menge zum Rettungsauto. Die Mitfahrt ins Krankenhaus wird mir verwehrt. Gesetz ist Gesetz. Von ihren Angehörigen können

* Name geändert

wir keine Telefonnummer auftreiben, also bleibt uns nur zu warten und auf einen Rückruf des Krankenhauses zu hoffen.

Erst am nächsten Tag erfuhren wir Näheres. Margit hatte eine überaus schmerzhafte Kolik erlitten. Tage später erschien sie mit einer großen Tafel Schokolade, als Dankeschön für meinen Erste-Hilfe-Einsatz. Beide lachten wir über das einzige Wort, das sie trotz aller Krämpfe herausgebracht hatte: In meiner verzweifelten Suche nach der Ursache ihrer Schmerzen hatte ich sie gefragt, ob sie vielleicht schwanger wäre. Ihre Antwort: ein klares, lautes „Nein!".

Der ganz normale Gastro-Alltag, Nr. 3

Das Pieps- und Klingelkonzert meines Handys weckt mich: 9 Uhr morgens. Ich bin – wie meistens – um 3 Uhr früh von der Arbeit nach Hause gekommen. Per E-Mail, WhatsApp und SMS bestürmt man mich mit der Nachricht, dass unser Küchenchef heute nicht zur Arbeit erschienen ist. Magenschmerzen. Die krieg ich auch gleich. Andererseits: Bei 16 Küchenmitarbeitern sollte doch nicht sofort die Welt untergehen und ein normaler Küchenbetrieb möglich sein. Auch ohne den Küchenchef. Sollte – wenn da nicht noch ein paar weitere Umstände im Anrollen wären: Toni*, der Stellvertreter des Küchenchefs, hatte nicht alle für den Mittagsbrunch bestellten Lebensmittel bekommen und war nervös wie ein Rennpferd vor dem Start. Die große Lebensmittellieferung sollte verstaut werden, doch der zuständige Kochlehrling hatte wieder mal verschlafen. Und unsere Fertigungsköchin war nach einer schweren Herzoperation erst wieder seit einigen Tagen im Dienst und durfte sich nicht überanstrengen. „Geht schon!", denke ich, und schicke ein Mail, in dem ich bitte, Georg*, unseren zweiten Küchenchef-Stellvertreter, anzurufen und ihn zu ersuchen, den Dienst zu übernehmen.

Wieder Handypiepsen: Ein Mail meiner Frau in ihrer Eigenschaft als Büroleiterin. Sie beschwert sich über die Dienstplaneinteilung unseres Küchenchefs. Okay, normalerweise mische ich mich da nicht ein, denn die Diensteinteilung der Küchenmannschaft ist ein wahres Minenfeld: Nicht nur die fast täglich

* Name geändert

geäußerten Sonderwünsche der Küchenmitarbeiter müssen dabei berücksichtigt werden, sondern auch die immer komplizierter werdenden Arbeitszeitgesetze. Doch dieses Mal, scheint es, muss ich ran. Na ja, die Musikstunde, die ich für den Vormittag gebucht habe, kann man ja absagen! Ich springe ins Auto und schaffe die 20 Kilometer zur Arbeit wieder mal in der halben Zeit als behördlich vorgesehen …

Während der Fahrt kann ich – Freisprecheinrichtung sei Dank – dauertelefonieren und so erfahren, dass der zweite Küchenchef-Stellvertreter telefonisch nicht erreichbar ist. Und zwar, weil er sich – in Absprache mit dem Küchenchef (der mit den Magenschmerzen, Sie erinnern sich) – freigenommen hätte. An dieser Stelle sollte man erwähnen, dass für diesen Abend das Halbfinale der Fußball-Europameisterschaft Deutschland gegen Frankreich angesagt ist. Nicht nur die 350 Sitzplätze im Innenbereich unseres Wirtshauses sind ausreserviert, auch die rund 150 im Gastgarten. Mit den Stehplätzen an den Bars kommen noch mal an die 200 fernsehhungrige Fußballfans dazu. Voller geht's nicht. Macht voraussichtlich rund 300 À-la-carte-Essen. Alle in der Regel kurz vor dem Anpfiff, eh klar.

Mein erster Weg führt mich natürlich gleich in die Küche. Ich will die Lage checken und dem Küchenchef-Stellvertreter Toni, auf dessen Schultern ja jetzt einiges liegt, Mut zusprechen. Auf meine Frage: „Na, alles im Griff, Toni?", bekomme ich den längsten Satz zu hören, den ich bis zu diesem Tag von dem jungen, schweigsamen Mann vernommen habe: „Ich kündige, das Chaos mach' ich nicht mit, suchen Sie sich einen anderen, und heute Abend arbeite ich sicher nicht, weil ich hab' zu Hause eine Baustelle!"

Na, Prost, Mahlzeit! Das erste „Gespräch" mit Toni hätte ich mir auch anders vorgestellt! Ich atme tief durch und suche neue Lösungen: Da war doch noch dieser Koch, den wir in ein paar Monaten als Verstärkung einstellen wollten! Vielleicht könnte der gleich heute zur Unterstützung... Doch Pech gehabt: Ich erfahre, dass der Mann sogar heute bereits im Lokal gewesen war, um erste Probearbeiten zu erledigen. Weil dies aber ohne Küchenchef nicht viel Sinn gemacht hätte, war er wieder gegangen. Knapp vorbei ist auch daneben! Telefonisch erreichbar ist der Herr übrigens nicht.

Das ewige Mitarbeiter-Problem: Fünf Wochen Mitarbeitersuche in drei der größten Tageszeitungen des Landes wieder mal umsonst! Und das bei Rekordarbeitslosigkeit im ganzen Land! (Besonders pikant wird die Sache dann, wenn einige aus diesem Arbeitslosenheer ehemalige Mitarbeiter von mir sind und in meinem Lokal demonstrativ die Gastfreundschaft ihrer Ex-Kollegen strapazieren.)

Doch ich brauche eine Lösung für heute Abend, wenn die Deutschen gegen die Franzosen und unsere Küche gegen Mitarbeitermangel kämpfen! Vielleicht der top ausgebildete Kellner, der – der Liebe wegen – von Wien nach Linz gezogen war und für heute einen Probetag vereinbart hatte? Nicht erschienen!

Das Lehrmädchen, das ihren Ausbildungsplatz – zum zweiten Mal im ersten Lehrjahr – wechseln wollte, ist ebenso nicht gekommen wie der 54-jährige Koch aus Ostdeutschland. Letzterer hat zumindest angerufen und erklärt, dass er nun doch wieder auf Saison gehen werde. Ich solle mich aber im Herbst wieder melden, sollte ich da noch einen Platz für ihn freihaben.

Für heute also keine Lösung in Sicht, dafür die Aussicht auf Gäste, die sich über lange Wartezeiten beschweren und diese Wartezeit auch gleich damit verbringen, ihre Unzufriedenheit auf Internet-Gastroplattformen kundzutun? Gott sei Dank doch nicht: Schließlich ist es – wie fast immer – einer der alten treuen Mitarbeiter, der einspringt: Kunzang, der Tibeter. Vor vielen Jahren hatte ich dem Asylsuchenden eine Chance gegeben und ihn in meinem Lokal angestellt. Weil Kunzang nicht nur gelernter Kellner, sondern auch Koch ist, bietet er sich für diesen Abend als Aushilfe in der Küche an. Gerettet! Irgendwie werden wir es also wieder schaffen, aber wie lange ich diese Drahtseiltänze noch aushalte …

Dominik hat keine Lust

Dominik* gehört zu jener Spezies Jugendlicher, die … na, sagen wir … sehr „abwechslungsreich" durchs Leben gehen. Bei uns hatte Dominik gerade seinen dritten Lehrberuf begonnen, nachdem seine beiden vorigen „Traumberufe" – Sportartikelverkäufer und Mechaniker – nach knapp vier Wochen ihren Zauber verloren hatten. Kein Problem: Man wird sich ja wohl einmal irren dürfen. Oder zweimal.

Jetzt eben der dritte Anlauf! In den drei Wochen an seiner neuen Lehrstelle war der liebe Dominik jedoch bereits mehrmals zu spät gekommen. Trotz moderatem Dienstbeginn um neun Uhr. Seine Kollegen machten ihn darauf aufmerksam, dass dies nicht okay wäre, schließlich müssten ja sie dann Dominiks Arbeit erledigen. In Summe also ein holpriger bis suboptimaler Einstieg.

Nun verspätete sich Dominik erneut. Dass er einen Friseurbesuch hinter sich hatte, war nicht zu übersehen. Auch nicht die Tatsache, dass er mit seinem neuen Punk-Look als Servicekraft in einem eher eleganten Restaurant nicht unbedingt an der richtigen Stelle war. Die Arbeitskollegen beknieten ihn: So kannst du nicht als zukünftiger Kellner herumlaufen, Stunk ist vorprogrammiert. Dominik dachte kurz nach – sehr kurz – und … ging einfach nach Hause! Okay, vielleicht eine Kurzschlusshandlung. Ein Versuch, ihn per Telefon zur Arbeit zu bewegen, scheiterte: Diese mühsame Arbeit und die Herumrennerei freue ihn ohnedies nicht mehr, er wolle etwas anderes versuchen. Traumberuf Num-

* Name geändert

mer vier also. Und außerdem lasse er sich seine Frisur ohnehin nicht vorschreiben. Von niemandem. Es sei schließlich sein Kopf und basta. Und das sei sein Recht, das habe er im Fernsehen gesehen, er sei ja nicht blöd. Alles klar, Dominik, und in einem Punkt hast du ja recht: Ein Job in der Gastronomie ist ja wirklich nichts für dich.

Am nächsten Tag lese ich in der Zeitung einen Artikel über Jugendarbeitslosigkeit und Lehrlingsmangel. Und über die vielen Jugendsozialprojekte, bei denen verzweifelt versucht wird, gelangweilten Jugendlichen mit null Bock auf gar nichts den Einstieg ins Berufsleben schmackhaft zu machen. Die Ursachen für diese traurige Entwicklung liegen viele Jahre zurück: versäumte Erziehung, zu liberale Gesetze, zu wenig leistungsorientierte Ausbildungsprogramme, mangelnde – oder besser gesagt falsche Vorbilder. Wenn man sieht, welche Hohlköpfe und „It-Girls" in diversen Reality-Shows zu Superstars und Idolen aufsteigen, kann man nur den Kopf schütteln. Nichts gelernt, kaum gearbeitet, ein paar blöde Sprüche losgelassen ... fertig ist der Star! Wer so was ständig als Vorbild vorgesetzt bekommt, der denkt doch wirklich bald, dass alle brav arbeitenden Menschen die Blöden sind.

Was vielen Gastronomen und anderen Fachkräften, die mit Lehrlingen zu tun haben, bleibt, ist der Versuch zu erziehen, statt auszubilden. Oft sind wir eher Mama und Papa als Lehrmeister. Und man fragt sich doch: Wo bleiben die echten Mamas und Papas jener Kinder, mit denen wir dann so zu kämpfen haben? Ja, diese Eltern schummeln sich leider oft aus der Verantwortung, suchen Schuldige überall – in der Schule, bei der Politik, bei den Lehrstellen –, nur nicht bei sich selbst. Gehen den bequemen „Laisser-faire"-Weg: „Lass es doch machen, was es will, das Kind!" Heraus kommen dann oft junge Menschen, die zwar ganz genau wissen, was ihre Rechte sind, es mit den Pflichten aber nicht so genau nehmen. Ich habe als Lehrherr viele von diesen Jugendlichen kennengelernt und sie haben mir schon jede Menge Geld und Nerven gekostet. Klare Regeln und Aufgaben, Verantwortungsbewusstsein, Respekt, Fleiß, Zielstrebigkeit – solche Werte sollten wieder in unseren Erziehungsalltag einfließen. Klingt alles sehr altmodisch, stimmt, ist aber der einzig richtige Weg. Denn ich weiß nicht, wie lange mein Geld und meine Nerven noch für Dominik & Co. reichen …

Es sind aber nicht nur Leute wie Dominik, die sich für gar keine Ausbildung entscheiden können, die mir Sorgen machen. Auf der anderen Seite der Skala tummeln sich die zigtausenden jungen Menschen, die zu viel – oder besser – die falsche Ausbildung genossen haben. Wer früher als „pfiffiges Kerlchen" galt, ist heute mindestens hochbegabt, wer mehr als einen geraden Satz herausbringt, muss natürlich sofort ins Gymnasium. Und dann studieren! Am Ende dieser Entwicklung stehen oft frustrierte Schulabbrecher oder nicht weniger frustrierte Akademiker mit cool klingenden Bakk.-Rer.-Soc.-Oec.-MSc-PhD-MBA-

oder Was-weiß-ich-noch-Titeln, aber mit schlechten Jobaussichten. Und während sich der Hausverstand langsam verabschiedet, nehmen Depressionserkrankungen zu. Wenn sich dann so ein Schul- oder Universitätsabbrecher bei mir um einen Job in der Küche oder im Service bewirbt, ist das für mich der schmerzliche Beweis dafür, wie viele überehrgeizige Eltern übers Ziel hinausschießen und ihrem Kind einen falschen Weg vorgeben.

Ein Weg, der viele dann direkt in die Arbeitslosigkeit führt, noch bevor sie jemals einen richtigen, dauerhaften Job hatten! Mit dem Effekt, dass auf denen, die wirklich hackeln und die etwas auf die Beine stellen wollen, immer mehr lastet. Schließlich muss ja jemand die Dominiks dieses Landes finanzieren …

Wer will heut' noch ausbilden?

Um einen Lehrling ausbilden und als Lehrmeister tätig sein zu dürfen, braucht es jahrelange Ausbildung und ständige Befähigungsnachweise: Lehrabschlussprüfung, Lehrausbildungsprüfung, Meisterprüfung, Weiterbildungsseminare, unzählige Tests und laufende Kontrollen.

Der engagierte Gastronom, der junge Menschen in seinem Betrieb ausbilden will, muss dazu auch noch viel von seiner Freizeit hergeben, denn die Schulungen können ja nicht während der Arbeitszeit absolviert werden. Schließlich muss man ja verdienen. Noch dazu, wo Vater Staat für diese Art der Ausbildung keinen Cent übrig hat.

Ist man dann einmal stolzer „geprüfter und amtlich bestätigter" Lehrherr, dann fängt der Wahnsinn erst an: Was da an Vorschriften, Auflagen und Hindernissen auf jemanden hereinprasselt, der einen Lehrling unter seine Fittiche nehmen und ihn das Gastronomiegeschäft „von der Pike auf" lehren will, ist nahezu unglaublich. Man kann auch sagen: Wer die Ausbildung seines Schützlings nach Punkt und Beistrich des Gesetzes durchführen will, wird scheitern. Und weil das so ist, steht wohl jeder Ausbildner permanent mit einem Fuß im Gefängnis.

Kein Wunder, dass viele Unternehmer deshalb auf die Ausbildung von Lehrlingen pfeifen und einen Teil der Produktionsabläufe auslagern. „Convenience" heißt das Zauberwort in der Gastronomie. Man kann es auch weniger nobel ausdrücken: Fertige Produkte, die man einfach aufwärmt und auf den Teller knallt. Knödel, Pasta, Beilagen, Fleisch oder Fisch – auspacken, aufwärmen, servieren. Dazu braucht es keinen gut ausgebildeten Fachmann mehr. Ist ja auch verlockend für den Gastronomen, denn Convenience-Produkte garantieren eine schnelle, unkomplizierte Küche mit geringerem Personalaufwand, eine fixe Kalkulation und damit verbunden natürlich günstigere Preise.

Traurig, aber wahr: Etwa 70 Prozent der heimischen Gastronomie haben bereits – meist zwangsweise – auf diese seelenlose, konformierte System-Gastronomie umgestellt. Das Ende dieser Entwicklung wären dann uniformierte Filialen internationaler Lebensmittelkonzerne mit Fast-Food-Konzepten, perfektem Marketing und leider auch weltweit einheitlichen Produkten und gleichem Geschmack.

Das Wissen um heimische landwirtschaftliche Produkte, traditionelle Arbeitstechniken und jahrhundertelang überlieferte Rezepte ginge dabei langsam, aber sicher und unrettbar verloren.

Gedanken eines Kellners, Nr. 2

Lieber Gast!

Kein Problem, wenn Sie, lieber Gast, zu cholerischen Anfällen neigen. Als Kellner passe ich mich selbstverständlich blitzschnell den Stimmungsschwankungen meiner Gäste an. Zum Beispiel dann, wenn ich Ihnen ihr Essen exakt so serviere, wie Sie es bestellt haben, und Sie trotzdem gar nicht zufrieden sind. Sie mögen keine Kartoffeln als Beilage? Das haben Sie aber, mit Verlaub, nicht gesagt. Wie? Sie haben es gesagt? Okay, wenn Sie es sagen! Also weg damit und einen neuen Teller her.

Sehr gerne tauschen wir Ihr bereits halb verzehrtes Steak gegen ein neues aus. Nach einem Bissen kann man ja nicht entscheiden, ob man es mag oder nicht.

Macht gar nichts, wenn Sie mich in Ihrer verständlichen Erregung beschimpfen. Als Kellner nehme ich nichts persönlich, auch nicht den *„Volltrottel"*, den Sie mir eben zugerufen haben. Nur ein kleiner Scherz, ist klar. Und weil wir gerade so spaßig miteinander umgehen, geht das Dessert natürlich aufs Haus. Schließlich habe ich den *„Volltrottel"* ja mit meiner schlechten Serviceleistung geradezu provoziert.

Ein Glück, dass ich die Fähigkeit habe, das Restaurant nach Belieben und in Sekundenschnelle umzubauen und zu vergrößern, wenn Sie einen entsprechenden Platzbedarf haben. Wenn alle Tische und

Sessel besetzt sind, habe ich im Nu für Sie und Ihre Freunde neue gezimmert.

Selbstverständlich können Sie heute – am 23. Dezember – für den Stefanitag einen Fenstertisch für acht Personen reservieren. Wenn dem nicht so ist, dann verstehen wir es vollkommen, dass Sie unsere *„schlecht organisierte Bude"* nicht mehr betreten wollen.

Mit Leichtigkeit behalte ich immer den Überblick über meine Gäste und deren Aktivitäten. Ich erkenne sofort, wenn einer der rund 300 Frühstücksgäste den Platz gewechselt hat, und freue mich, dass er damit auch gleich den nächsten Tisch mit seinen Bröseln und Kaffeeflecken belebt. Ihr Kaffeehäferl und den Orangensaft trage ich Ihnen gerne an Ihren neuen Platz nach, ich bin ja ein eher nachtragender Typ (kleiner Scherz, lieber Gast). Wie? Wo ich bleibe? Ich komme schon, hatte mich nur für Sekundenbruchteile von einem der übrigen 299 Gäste ablenken lassen. Um uns möglichst viel Arbeit zu machen, müssen Sie aber nicht den Tisch wechseln, lieber Gast. Sie können zum Beispiel – auch als Einzelperson – gleich mehrere Gedecke an Ihrem Tisch benutzen und so die Frühstücksreste optimal verteilen. Die Teller müssen Sie dabei nicht als Unterlage benützen, Geschirr wird in dieser Hinsicht ohnehin überbewertet.

Ich freue mich, wenn Sie ein Rinderfilet mit fünf verschiedenen Saucen (*„Die Hollandaise und die Pfeffer-*

rahmsauce aber bitte getrennt!") bestellen und statt der Karotten *„aber flott"* lieber Spargel hätten (im November!). Unser Koch wird Ihre kreative Bestellung zu schätzen wissen.

Mit großer Begeisterung vernehme ich Ihre Entscheidung, dass Sie und Ihre 27 Gäste jetzt doch einzeln bezahlen wollen und nicht – wie vor dem Bonieren besprochen – mittels einer Gesamtrechnung. Für diese Dinge nehme ich mir gerne eine Viertelstunde oder mehr Zeit. Oh, Entschuldigung! Sie müssen alle schnell weg und können nicht *„bis morgen warten"*? Schade, ich dachte, wir würden uns gemütlich zu einer fröhlichen Rechenolympiade zusammensetzen, ich hätte jedenfalls nichts anderes zu tun. Aber wenn Sie wünschen, dann beeile ich mich halt.

Schön, dass Sie immer wieder mit mir in Kontakt treten und das auf so vielfältige Weise. Mir gefällt es zum Beispiel, wenn Sie ganz puristisch nur mit den Fingern nach mir schnippen. Gern mag ich es auch, wenn mir beim Vorbeigehen ein *„Stopp!"* zugezischt wird. Kenner und energische Typen zupfen mich dabei noch am Hemd. Gerne reagiere ich auch auf ein forsches *„Haaaallo!"*, das quer durchs Lokal schallt. Mein persönlicher Favorit bleibt aber das locker-vertrauliche *„Heeee Chef, zwei Bier!"* – zweifellos ein eindrucksvolles Zeugnis Ihrer Wertschätzung. In einer ähnlichen Liga spielt auch das zackig-trendige *„Oida"*, das sich in den letzten Jahren mehr und mehr durchgesetzt hat.

Als Gast sind Sie König, deshalb haben Sie auch völlig recht, wenn Sie darauf hinweisen, dass Sie – als Stammgast seit gut 20 Jahren – hier früher besser bedient wurden. Daran ändert auch die Tatsache nichts, dass dieses Lokal erst vor Kurzem eröffnet wurde.

Wirklich köstlich, Ihre rassistischen und frauenfeindlichen Witze! Falls ich mal nicht so loslache, liegt das an meinem falschen Humorverständnis oder an der Tatsache, dass mein IQ *„knapp unterhalb der Zimmertemperatur"* liegt, wie Sie so geistreich bemerkten.

Volles Verständnis für Ihren Unmut darüber, dass ich *„so saudumm"* war und nicht alle Hauptspeisen gleichzeitig auf den Tisch brachte. Dass einige aus Ihrer angeblich geschäftlich so wichtigen Runde später gekommen sind und erst 15 Minuten später bestellt hatten, tut da nichts zur Sache.

Meine ungeteilte Aufmerksamkeit hat auch die ständig wachsende Zahl jener Gäste, die mich ausführlich über ihr Befinden informieren: Was sie nicht essen können/dürfen/wollen, worauf sie mit Blähungen/Durchfall/Verstopfung/Ausschlag reagieren. Von fortgeschrittenen Patienten ... äh ... Gästen ... lasse ich mich auch gerne über Krampfadern, Hämorrhoiden und Hüftoperationen in Kenntnis setzen.

Lassen Sie sich bitte ja nicht stören, wenn Sie Ihre lautstarken Tischgespräche führen. Als Kellner bin ich ja ohnehin taub. Und wenn nicht, dann wird es mich doch sicher brennend interessieren, *„wie geil"* Sie den *„Oarsch"* meiner Kollegin finden und welche Sexualpraktiken Sie ihr zuschreiben. Ich erhalte durch Ihre erhellenden Wortmeldungen zum Beispiel auch Einblicke in das Preisgefüge des tschechischen Straßenstrichs und dass sich für *„einen schnellen Stich"* die relativ kurze Autofahrt mehr als lohne. Ich empfinde das als Aufbessern meiner Allgemeinbildung, ganz nebenbei und kostenlos. Danke dafür, lieber Gast.

Geradezu freudige Ekstase verspüre ich schließlich, wenn Sie Ihre Rechnung von € 29,10 auf stolze € 29,50 aufrunden. Summen wie diese machen mir wieder deutlich, wie sehr mein Job geschätzt wird. Außerdem sollte ich doch froh sein, dass Sie mir die 40 Cent nicht wie beim letzten Mal überreichen. Da haben Sie die Münzen nämlich auf Ihren leer gegessenen Teller geworfen. Nicht, dass ich mich beschwere, lieber Gast, die Rotweinsauce war leicht abzuwaschen. Also, vielen Dank und wir sehen uns beim nächsten Mal! – Außer … ja, außer ich verabschiede mich bis dahin in mein neues Haus am Meer. Ist ja nicht so unrealistisch bei Ihrem Trinkgeld!

---

* Die in dieser Geschichte kursiv gedruckten Gesprächsfetzen sind authentisch, mit eigenen Ohren vernommen und keinesfalls übertrieben. Leider.

Wie sag ich's meinem Kellner?

Ich hatte Oliver* neu im Team aufgenommen. Zugegeben, seine Fachkenntnisse waren nicht berauschend und zu den Schnellsten zählte er auch nicht. Und auch die Tatsache, dass er bei seinen letzten drei Arbeitgebern jeweils nur äußerst kurz tätig war, sprach nicht unbedingt für ihn. Aber: Woher nehmen, wenn nicht stehlen? Also, versuchen wir es halt!

Gleich am ersten Tag begann das Trauerspiel: Ich wurde zu zwei Tischen gerufen. Die Gäste beschwerten sich, dass Oliver stark nach Schweiß riechen würde. Na, Prost, Mahlzeit, das haben wir gebraucht! Krisengespräch mit dem Restaurantchef. Ja, auch ihm wäre dieses „Geruchsproblem" aufgefallen, aber bisher hätte keiner den Mut gehabt, es Oliver zu sagen. Ein heikles Thema, verständlich, wer sagt denn schon einem anderen, noch dazu einem Kollegen, gerne „Hey, du stinkst!"? Aber einer musste es ja tun. Also Nase ... äh ... Augen zu und durch. Ich holte mir Oliver zur Seite und fing vorsichtig an. Wie es denn mit einem Deo wäre, wo es doch gerade in der Gastronomie im Umgang mit den Gästen, bei den vielen Laufereien und dem Stress ... Oliver sah mich verständnislos und auch ein wenig vorwurfsvoll an: „Deo? Nein, wieso?"

Erster Versuch misslungen, nun hieß es etwas deutlicher werden. Ich klärte ihn über seine geruchliche Wirkung auf Gäste und Kollegen auf und ersuchte ihn offen, sich öfter zu duschen. In den Tagen danach musste ich diese Bitte leider mehrfach wiederholen, denn Oliver roch weiterhin streng. Er

* Name geändert

behauptete zwar, er würde meinen Rat befolgen, meine Nase war da aber anderer Meinung. Schließlich kamen wir der Quelle des Geruchs auf die Spur: Einem von Olivers Kollegen war aufgefallen, dass Oliver seit vielen Tagen bei Arbeitsbeginn in ein und dasselbe verschwitzte Hemd schlüpfte. Klar, dass dieses gute Stück schon fünf Meter gegen den Wind roch. Und mit dem Hemd auch Oliver, versteht sich! Kann doch nicht so schwer sein, dachten wir und empfahlen dem – übrigens volljährigen – Burschen, doch einfach öfter sein Hemd zu wechseln. Auch da ernteten wir wieder böse Blicke, als wäre unser Ansinnen eine Beleidigung und eine Verletzung seiner Privatsphäre.

Aber Oliver hatte offensichtlich nicht nur Probleme mit der Hygiene, sondern auch mit seiner Rechenleistung. Fast täglich fehlte bei seiner Abrechnung Geld. Als wir merkten, wie er zum Beispiel bei Bezahlung mit Kreditkarten agierte, war uns auch klar, wieso. Denn immer wenn der Computer durch lautstarkes Piepsen anzeigte, dass diese Karte nicht akzeptiert würde, deutete Oliver dieses Geräusch als Zeichen einer korrekten Abbuchung. Dass sich da eine „Finanzlücke" auftat, leuchtet ein. Unserem Ansinnen, ihm den so entstandenen Schaden in Rechnung zu stellen, konnte der junge Herr nichts abgewinnen. Seine Reaktion: er kündigte. Unmittelbar nachdem er diese Kündigung ausgesprochen hatte, wurde er ganz konsequenterweise von starken Fußschmerzen heimgesucht, er müsse sofort zum Arzt.

Dieser schickte ihn dann auch schnurstracks ohne Diagnose und ohne zeitliche Begrenzung in den Krankenstand. (Für mich wenig überraschend, wie Sie auch im Beitrag *SKV – das „Selbstkündigungsvirus"* ab Seite 81 lesen können.) Nach zwei Wochen „Krankfeiern", was – so ein Zufall! – genau der zweiwöchigen Kündigungsfrist entsprach, beendete Oliver seine Leider-nein-Laufbahn in unserem Unternehmen. Mithilfe der Wirtschaftskammer konnte ich schließlich erreichen, dass der Krankenstand aufgrund fehlender Diagnose des Arztes nachträglich aberkannt wurde. So konnten wir das Arbeitsverhältnis rückwirkend auflösen und den „Fall Oliver" beenden. Es ist stark anzunehmen, dass Oliver mittlerweile beim nächsten oder übernächsten Wirt angeheuert hat. Ich kann es förmlich riechen …

Bewerben als Einnahmequelle

Dass man sein Geld über viele Wege verdienen kann, ist mir klar. Dass diese Wege oft verschlungen sind und nicht immer den klassischen Berufsbildern entsprechen, ebenso. Doch kürzlich ist mir eine Methode der Geldeinnahme untergekommen, die ich mir nicht einmal in meinen kühnsten Träumen vorstellen hätte können. Nennen wir es „B.a.H.!" („Bewerbungsgespräch auf Honorarbasis").

Keine Ahnung, was das sein könnte? Dann lesen Sie den folgenden Brief des Herrn Johann Heller aus Mariazell*. Zur Erklärung: Herr Heller hatte sich als Koch beworben und mich in meinem Lokal in Linz aufgesucht. Nach einem sehr ausführlichen Vorstellungsgespräch begleitete ich ihn zu unserem Küchenchef, der ihm seinen „zukünftigen Arbeitsplatz" zeigen sollte. Ich hatte einen weiteren Besprechungstermin im Lokal, deshalb ließ ich Herrn Heller mit dem Küchenchef alleine, bat ihn aber, sich nachher wieder bei mir zu melden. Was der Herr tat, aber ganz anders, als ich erwartet hatte. Noch am selben Tag schickte er mir den rechts abgedruckten Brief. Er stellte mir darin stolze 216 Euro für seinen Kostenaufwand in Rechnung.

Auch nicht schlecht: Wenn der Herr so weitermacht und das gut organisiert, kommt er locker auf drei Bewerbungsgespräche pro Woche. Macht 2.592 Euro pro Monat – ganz ohne Kochen!

* Name und Ort geändert, Inhalt echt, wenn auch kaum zu glauben

Sehr geehrter Herr Geschäftsinhaber Herr Hager,

in meiner Arbeitsstellenbewerbung ergeht folgender Schriftsatz:

I) Sachstandsbestätigung

1. *Hiermit bedanke ich mich für das sehr nette Vorstellungsgespräch inklusive Küchenbesichtigung, stattgefunden heute 27.07.2016 um 14.00 Uhr – 14.30 Uhr in Ihrem Lokal Josef in Linz, Landstraße 49.*
2. *Ich musste extra von meinem Wohnort nach Linz anreisen.*
3. *Auf meine Nachfrage, wie wir weiter mit meiner Bewerbung verbleiben wollen, wurde mir das Gefühl vermittelt, dass das Unternehmen Restaurant Josef in Linz kein Interesse an meiner Bewerbung hat, da keine klaren weiteren Schritte besprochen wurden. Ich gehe davon aus, dass mein Alter ein Hinderungsgrund für die Einstellung sein könnte. Ich rechne daher nicht mehr mit einer Einstellung als Koch in Ihrem Unternehmen.*

II) Rechnungslegung

Gem. OGH-Urteil kann ein Bewerber seinen Aufwand zum Vorstellungsgespräch in Rechnung stellen, was ich hiermit tue:

Mein Kostenaufwand zum Vorstellungsgespräch beziffert sich wie folgt:

1. *Fahrtkostenaufwand, Anreise aus Mariazell*
   Einfache Fahrt 173 km = insgesamt 346 km x 0,5 Euro pro km 173,– Euro
2. *Parkpickerl in Linz (Parkomat): 3,– Euro*
3. *Fahrzeit 3,5 h und 0,5 h Vorstellungsgespräch, 4 h x 15,– Euro = 40,– Euro**

Insgesamter Kostenaufwand für das Vorstellungsgespräch: 216,– Euro.

Ich bitte den mir zustehenden Betrag in Höhe von 216,– Euro auf mein Konto bei der Bank Austria, lautend auf Johann Heller … bis 01.08.2016 zu überweisen, es zählt der Eingang des Geldes. Nach Ablauf dieser Frist vom 01.08.2016 gelten 8% Verzugszinsen bis zur rechtlichen Durchsetzung meiner rechtlich mir zustehenden Forderung des Kostenersatzes bezüglich des Vorstellungsgesprächs.

Mit freundlichen Grüßen
Johann Heller

27.07.2016, 19.30 Uhr

* 4 x 15 = 60, klar, aber wir wollten Herrn Hellers Originalrechnung nicht verändern.

Anzeigen per Facebook

Ja, ich gebe es zu: Kürzlich habe ich eine Anzeige erhalten. Ins Rollen gebracht hatte die Affäre eine gewisse Erna R. Diese Dame hatte eine in fließendem Amtsdeutsch verfasste Aufforderung zum „Einschreiten von Amts wegen" an das Magistrat Linz, die Arbeiterkammer Oberösterreich und die Wirtschaftskammer Oberösterreich gesandt. Zum Drüberstreuen setzte sie auch noch die Kronen Zeitung in den Verteiler, vielleicht geht sich ja auch noch eine kleine Rufschädigung aus. Was war mein Verbrechen, das die Dame zu diesen massiven Handlungen drängte?

Eine meiner Mitarbeiterinnen hatte eine Stellenanzeige über Facebook aufgegeben. In der Hektik – es war wie immer in unserer Branche megadringend – vergaß die junge Dame jedoch, auf das Mindestgehalt und die „Bereitschaft zur kollektivvertraglichen Überzahlung" hinzuweisen. Unser Fehler, klar. Aber gleich ein Grund zur Anzeige und zur öffentlichen Attacke? Für Erna R. schon. Im Folgenden der original Mailtext plus die Kommentare der Internet-Gemeinde. Letztere Wortmeldungen ließen mich wieder daran glauben, dass der Mensch ja doch ein Vernunftwesen ist und die Erna R.s dieser Welt als Ausnahme dieser Regel gelten können. Oder? (Sämtliche folgenden Kommentare wurden nicht anonym, sondern unter Nennung des vollen Namens abgegeben. Für den Abdruck im Buch habe ich mir jedoch erlaubt, die Namen abzukürzen. Den gesamten Verlauf und die vollständigen Namen können Sie gerne auf meiner Facebookseite nachlesen.)

Von: *Erna R.*
Gesendet: *Sonntag, 21. August 2016, 16:43*
An: *Magistrat Linz, Arbeiterkammer Oberösterreich, Wirtschaftskammer Oberösterreich Service-Center, Kronen Zeitung Oberösterreich*
Betreff: *Einschreiten von Amts wegen gemäß § 10 bzw. § 24 Gleichbehandlungsgesetz (GlBG)*

Sehr geehrte Damen und Herren!

Im Anhang 2 Screenshots von der Facebookseite des Stadtwirtes Hager „Josef" mit gleich mehreren zusammengefassten Stellenanzeigen, der es natürlich nicht für notwendig empfindet, die Gehaltsangaben zu den einzelnen Beschäftigungsangeboten anzuführen.

Gemäß § 9 und § 23 GlBG ist ein/e Arbeitgeber/in oder ein/e private/r Arbeitsvermittler/in verpflichtet, in der Ausschreibung das für den ausgeschriebenen Arbeitsplatz geltende kollektivvertragliche oder das durch Gesetz oder andere Normen der kollektiven Rechtsgestaltung geltende Mindestentgelt anzugeben und auf die Bereitschaft zur Überzahlung hinzuweisen, wenn eine solche besteht. Das gilt auch für Arbeitsverträge in Wirtschaftsbereichen, in denen solche Normen nicht bestehen, es sei denn, es handelt sich um arbeitnehmerInnenähnliche Personen oder Führungskräfte gemäß § 10 Abs 2 Z 2 Arbeiterkammergesetz 1992.

Hier wurde gegen die Bestimmungen des § 9 bzw. § 23 GlBG verstoßen. Ich vertraue darauf, Sie schreiten hier von Amts wegen ein, gemäß § 10 bzw. § 24 GlBG eine Verwarnung auszusprechen bzw., wenn schon andere Verstöße bekannt sind, eine angemessene Geldstrafe zu verhängen.

Mit freundlichen Grüßen
Erna R.

Von: *Günter Hager*
Gesendet: *Montag, 22. August, um 21:16*
An: *Erna R.*
Betreff: *Ihre Aufforderung zum „Einschreiten von Amts wegen gemäß § 10 bzw. § 24 Gleichbehandlungsgesetz (GlBG)"*

Liebe anonyme Verfasserin Erna R.

Da schaltet man seit Monaten in unzähligen Tageszeitungen und beim AMS ohne wesentliche Reaktion und dann in einer akuten Mitarbeiter-Notlage sogar hier auf Facebook! Okay, die kurzfristig und hastig von meiner Mitarbeiterin entworfene Facebook-Einschaltung enthält keine Bemerkung „Überzahlung laut KV selbstverständlich möglich". Warum auch? Jeder unserer 50 Mitarbeiter ist selbstverständlich über dem Kollektivvertrag entlohnt! Himmelkreuzkruzifixsnuamoi! Jetzt wird so was sofort dem Magistrat, der Arbeiterkammer, der Wirtschaftskammer und der Kronen Zeitung gemeldet? Gleich mit der Aufforderung, eine angemessene Geldstrafe zu verhängen! Wie bei der Stasi. Haben wir keine anderen Probleme?

Günter Hager

KOMMENTARE

Bernhard B. Na bitte ... in was für einer Zeit leben wir?
Doris K. Solange man kein Wiederholungstäter ist, gibt's da maximale eine Rüge, mehr nicht. Hoffe, Frau Erna wird da nicht enttäuscht sein ;-)
Ulrike H. Haben wir uns nun gegenseitig anzuschwärzen – Eifersucht, Gier, Hass ... wo leben wir denn? Wo ist die Zeit, wo wir zusammengehalten haben?
Veronika E. Zum Speiben, kann ich nur sagen.
Tobias F. Ich glaub, die Frau Erna braucht für alles Paragraphen, oder????
Harald H. ... unglaublich
Gerhard S. Liebe Frau Erna R.: Vielleicht sollten Sie, anstatt sich die Finger am Computer wund zu schreiben und Gesetzestexte zu verfassen, bei Herrn Hager vorstellig werden und versuchen, ein Seiterl Bier einzuschenken.

Günter M. Neid muss man sich erst verdienen, lieber Günter Hager!
Bianca L. Das Stellenangebot könntest du dazustellen, Günter, damit sich jeder ein Bild machen kann.
Günter Hager Wollte ich ja, Bianca, aber dann bekomme ich wieder eine Anzeige :-))
Harald U. Sonst keine Sorgen, die Frau Erna? Vielleicht hängt vom Nachbarn a Staudn übern Zaun!
Hannes L. Ich dachte eigentlich, die Gestapo-Zeiten sind längst vorbei!
Jutta B. Geht's noch? Wie sind denn bei euch die Leute drauf? Das Gehalt klärt man doch bei einem persönlichen Gespräch!
Danny K. Die ist vielleicht arbeitslos und erhofft sich dadurch einen Job im Amt.
Wolfgang S. Ham manche Leit wirklich nichts anderes zu tun? Ich hab in solchen Fällen immer auf mein Verhandlungsgeschick vertraut.
Frank B. Da könnte sie täglich professionelle Personalvermittler anzeigen. Ich bewerbe mich für einen Job, der sich gut anhört, egal was da steht, ob KV oder drüber. Denn mein Gehalt verhandle ich selbst aus.
Markus N. Alter Schwede ... Mannomann, den Leuten muss echt langweilig sein ... mit so was herumplagen is a Frechheit.
Rupert S. So tief ist die Gesellschaft gesunken. Rauchersheriff, Inseratenkontrolleure, Belegkontrollorgane und viele andere. Bravo, Politiker, ihr habt es geschafft, die Menschen gegeneinander aufzuhetzen.

Servicemitarbeiter gesucht

Liebe rund 500.000 Arbeitslose in Österreich!

Das „Josef" sucht für sein Team einen (oder mehrere) Servicemitarbeiter für die überaus starke Weihnachtszeit (und auch darüber hinaus in Jahresstellung)!

» Deine Dienstzeit geht von 9.30 bis 18.00 Uhr inklusive gesetzlich vorgeschriebener Ruhepausen (Rauchpausen nicht einkalkuliert).
» Selbstverständlich 5-Tage-Woche und vorwiegend Sonntag frei.
» Du arbeitest mit den modernsten Kassen und Handcomputern sowie den neuesten Zapfenlagern und Schanksystemen, um dir mühsame Wege und aufwendige Nebenarbeiten zu ersparen!
» Wir bieten beste Mitarbeiter-à-la-carte-Verpflegung aus der selben Speisekarte, aus der auch unsere Gäste wählen. Kostenlos!
» Wir bieten gratis Arbeitskleidung und es gibt keinen lästigen Teildienst!

An deinem topmodernen Arbeitsplatz brauchst du bei uns keine Getränke vorzubereiten (das macht der Schankbursche), keine Speisen zu tragen (dafür haben wir extra „Foodrunner" eingestellt) und keine Gläser zu spülen (bei uns macht das der Abwäscher). Alles, was wir von dir wollen, ist, dass du unsere Gäste mit ehrlicher Begeisterung bedienst ... ach ja ... und kassieren solltest du auch! Ein bisschen Stress kann schon sein, aber es passt ja auch nicht jeder in unser Wahnsinnsteam.

Für gute Arbeitsleistung gibt es auch guten Gehalt (Kollektivvertrag plus Bereitschaft zur Überzahlung), inklusive Trinkgeld geht bei uns kein guter Mitarbeiter unter 2000 netto nach Hause, in der Abendcrew (18 bis 2 Uhr) verdienen die Besten noch um einiges mehr. Frag mal deinen Bankdirektor, ob er da mithalten kann. (Und der muss sich Essen und seine Krawatte sogar selbst bezahlen.) :-)

Also: Runter vom Sofa und schick ein Bewerbungsmail an: office@josef.eu

Ein Dankeschön vom Schnupperlehrling

Selbstverständlich kommen auch oft Schnupperlehrlinge in mein Lokal. Einige Tage lang können diese jungen Menschen – meist Schüler – die Berufe Kellner und Koch hautnah erleben und sich selbst eine Meinung bilden. Viele sind nach diesem „Schnuppern“ überzeugt, dass sie von diesem Job die Finger lassen werden. Aber einige fangen Feuer. So wie diese beiden jungen Mädchen, die mir nach drei Tagen Schnupperlehre den folgenden Brief schrieben. (Und mir damit die Hoffnung gaben, dass es da draußen ja doch junge Menschen gibt, die sich für die Gastronomie begeistern können.)

Lieber Herr Hager,

Hannah und ich möchten uns bei Ihnen und bei Ihrem Team bedanken für die wunderschönen drei Tage! Uns gefiel es bei Euch so, dass wir gar nicht nach Hause fahren wollten. Ihr Team ist das beste, so nett und lustig. Wir haben Euch alle ins Herz geschlossen. Die Erfahrungen, die wir gemacht haben, haben uns gezeigt, dass wir den Beruf Kellnerin erlernen wollen. Wir würden uns auf ein Wiedersehen freuen.

Mit freundlichen Grüßen
Eure Schnupperlehrlinge
Lisa und Hannah

Wenn Herr Doktor Pommes salzt

Puh, wo soll ich anfangen? Über meine Erfahrungen mit Bildung und Ausbildung will ich an dieser Stelle schreiben, und da liegt mir so viel am Herzen bzw. im Magen, und da läuft so viel schief in unserem Land, dass mir gleich ganz schwindlig wird.

Ist es denn erstrebenswert, dass in Österreich so viele junge Menschen nach allen möglichen und unmöglichen Studien an Fachhochschulen und Universitäten streben und die klassische Lehre meiden wie der Teufel das Weihwasser? Klar, eine Gesellschaft braucht die akademisch Gebildeten, die Ärzte, Juristen, die Techniker, die Forscher. Aber: Wir brauchen nicht nur Leute, die theoretisieren, wir brauchen auch welche, die zupacken. Neben dem Wissen braucht es auch Fertigkeiten. Anders gesagt: Wenn ich hungrig bin, ist mir ein Bäcker allemal lieber als ein Chemieprofessor, der mir die chemische Zusammensetzung von Hefe aufsagen kann.

Es ist ja nicht so, dass durch den Ansturm auf die Universitäten aus den Österreichern plötzlich ein Volk der Dichter, Denker und Wissenschafter wird, die jetzt dem Rest der Welt zeigen, wo es bildungsmäßig langgeht. Nein, die Silicon Valleys dieser Welt liegen eben in den USA und in anderen Teilen des Globus und nicht in der Alpenrepublik. Warum? Unter anderem deshalb, weil in unserem Land die Hochschulen oft gedankenlos geflutet werden. Und zwar mit jungen Leuten, denen eingeredet wird, dass ein Studium automatisch den Eintritt in ein erfolgreiches Berufsleben bedeutet. Gleichzeitig werden damit auch die handfesten, die bodenständigen und so dringend benötigten Lehrberufe – vom Maler über den Tischler bis zum Koch – abgewertet. Oder man bläst diese Berufe durch „Akademisierung" auf und erfindet ein entsprechendes Fachhochschulstudium für einen Beruf, der bisher sehr gut mit dem dualen Bildungssystem, nämlich Betriebspraxis und Berufsschule, ausgekommen ist.

Übrig bleibt eine Armee von jungen Leuten, die Studien beginnen, ohne dafür zu „brennen", die orientierungslos im Ausbildungsdschungel von einer Studienrichtung zur anderen umherirren und dann schließlich ergebnislos abbrechen. Nicht selten landet die Bewerbung eines solchen Studienabbrechers dann auf meinem Schreibtisch. Matura, dann sechs Semester Ich-weiß-nicht-was studiert und jetzt, mit 22 Jahren, offensichtlich froh über einen Kellnerjob in meinem Lokal. Dass ihm das 15-jährige Bürschchen, das bei mir sein zweites Lehrjahr absolviert, fachlich haushoch überlegen ist, macht die Bildungstragödie perfekt. Völlig übers Ziel hinausgeschossen und offensichtlich von Eltern und Berufsberatern auf den falschen Weg geführt!

Also, liebe Eltern: Wie wär's mit einer Lehre für Ihr Kind? Das hat Zukunft, das hat Hand und Fuß. Bedenken Sie auch den finanziellen Aspekt. Um Ihren Kindern ein Studium zu ermöglichen, müssen Sie ordentlich in die Tasche greifen: Wohnung, Verpflegung, zusätzliche Kurse und Seminare. Der Staat – und damit zum Teil auch wieder Sie, liebe Eltern –

zahlt da auch noch kräftig mit. Bei einer Lehre schaut es anders aus: So beträgt zum Beispiel das Gehalt eines Kellners im dritten Lehrjahr rund 800 Euro monatlich, plus Trinkgeld von etwa 200 Euro. Verpflegung – sagen wir mal um rund 100 Euro pro Monat – kommt dazu. Manchmal ist sogar eine Gratisunterkunft dabei, Arbeitskleidung ebenfalls. Macht bis zu rund 1.400 Euro monatlich. Nicht schlecht, oder?

Wobei ich gleich einschränken muss: Ich hoffe, liebe Eltern, ihr findet für eure Kinder überhaupt noch eine geeignete Lehrstelle. Denn das Lehrherr-Sein hat man den Unternehmern in Österreich schon gehörig ausgetrieben. Ich weiß, wovon ich schreibe, immerhin habe ich in den letzten Jahrzehnten rund 500 Lehrlinge und Praktikanten ausgebildet. Es klingt unglaublich, ist aber die traurige Wahrheit: Ein Meister steht als Ausbildner permanent mit einem Fuß im Gefängnis. Denn Hand aufs Herz: Die unzähligen, oft völlig praxisfernen Vorschriften im Lehrlingsausbildungsgesetz machen eine hundertprozentig gesetzeskonforme Ausbildung praktisch unmöglich. Kein Wunder, dass viele Unternehmer die Lehrlingsausbildung einstellen und ihre Produktionsabläufe immer öfter an Spezialfirmen auslagern. In der Gastronomie nennt man das „Convenience": industriegefertigte Produkte, kurz aufgewärmt und serviert.

Dem Unternehmer garantiert das eine problemlose, schnelle Küche, fixe Kalkulationsmöglichkeit und damit oft verbunden günstigere Preise. Sorgsam ausgebildete Lehrlinge werden für diese Art der

Gastronomie nicht mehr benötigt, eher rasch eingeschulte Hilfskräfte. Das spart den „Convenience-Betrieben" natürlich wiederum Geld, denn die Ausbildung eines Lehrlings ist nicht nur zeitaufwendig, sondern auch teuer: Neben dem Lehrlingsgehalt hat der Unternehmer noch die finanzielle Belastung zu tragen, die zwei Monate Berufsschule jährlich, ein Monat Urlaub und meist auch einige Wochen Krankenstand mit sich bringen. Dass jeder ausbildende Lehrherr auch noch selbst eine Menge an Lehrausbildungsprüfungen abzulegen und diese allesamt aus der eigenen Tasche zu bezahlen hat, soll hier auch nicht unerwähnt bleiben. Ich sah die Ausbildung eines Lehrlings in erster Linie immer als eine Investition, die sich in der Zukunft rechnet. Nämlich dann, wenn diese Fachkraft – vielleicht nach einigen weiteren Jahren Praxis bei großen Kollegen – wieder Teil des eigenen Teams wird. Warum aber in eine Zukunft investieren, die es nicht gibt?

Was vielleicht oft nicht bedacht wird: Mit dem Aussterben des Lehrberufes Koch und Kellner wird auch das Wissen um heimische landwirtschaftliche Produkte, um traditionelle Arbeitstechniken und über Jahrhunderte überlieferte Rezepte mehr und mehr verschwinden. Die so entstehenden Lücken werden bereitwillig von internationalen Lebensmittelkonzernen gefüllt. Und dank des perfekten und millionenschweren Marketings dieser Unternehmen werden diese am Reißbrett entstandenen Einheitsprodukte wohl bald von allen als „lecker" und „cool" empfunden werden. Als Sinnbild für das alles sehe ich den mehrfach studierten Doppeldoktor vor meinem geistigen Auge, der im Fast-Food-Restaurant endlich Arbeit gefunden hat. Wenn er die Pommes und die millimetergenau vermessenen Fleischscheiben aufs Tablett legt, dann hat sich der Teufelskreis aus „Akademisierungwahn“ (Zitat: Julian Nida-Rümelin) und Einheitsgastronomie geschlossen.

„Ein Wirt, der nicht lächeln kann, hätte lieber Gast werden sollen!"

Adi Werner, Hotelier

III. KÖNIG GAST

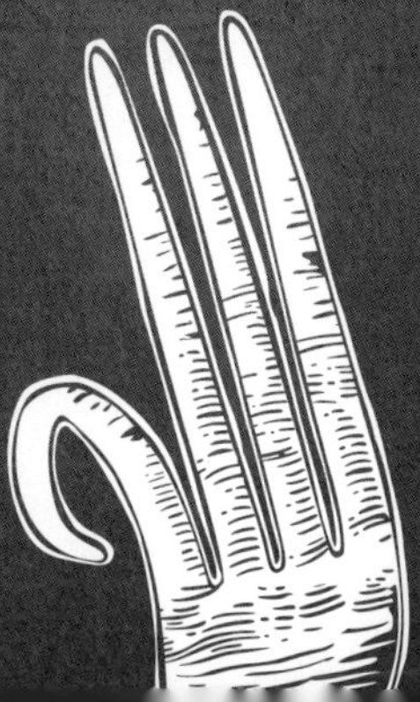

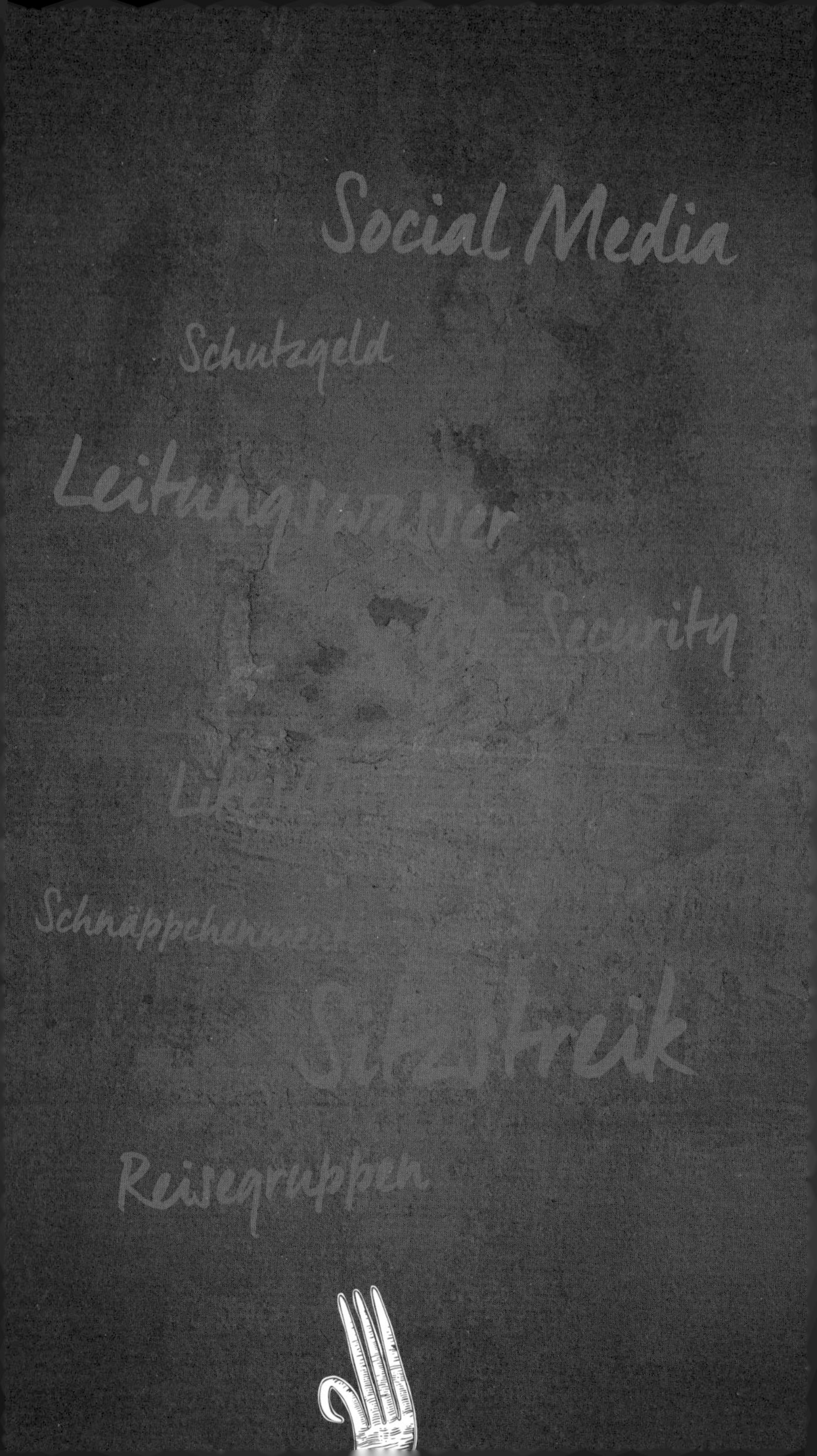
Social Media
Schutzgeld
Leitungswasser
Security
Reisegruppen

Sitzstreik als Geschäftsstörung

Alle Jahre wieder: der traditionelle Burschenbundball. Ebenso alle Jahre: die dazugehörigen Demonstrationen gegen diese Veranstaltung. Und weil unser Gastronomiebetrieb zufällig direkt unter den Veranstaltungsräumlichkeiten des Balles liegt, ist auch unser Lokal von diesem traditionsreichen Zwist betroffen. Auch wenn wir selbst mit der Veranstaltung nichts zu tun haben.

Diesmal waren an die 500 frischluftbegeisterte Demonstrationsteilnehmer angemeldet. Die Show begann bereits Stunden vor der eigentlichen Demo: Akribisch durchsuchten eifrige Polizeibeamte unsere Gasträume und kontrollierten sämtliche Zugänge zu den Ballräumen, die der eine oder andere Demo-Teilnehmer für einen unerlaubten Ballbesuch nutzen könnte. Schließlich war es auch in unserem Interesse, den Demo-Teilnehmern die Chance zu nehmen, unser Lokal für ihre politischen oder Was-auch-immer-Ziele zu missbrauchen. Demonstrieren, o. k., aber bitte lasst uns und unser Geschäft aus dem Kraut, liebe Leute.

Weil Sicherheit immer vor Wirtschaftlichkeit geht, wurden unsere beiden Zugänge stundenlang für „Nicht-Ballgäste" dichtgemacht. Schließlich wollte man ja nicht, dass Demo-Schlaumeier unseren Zugang in den ersten Stock nutzten. Lediglich Ballbesucher, die sich vor dem Tanzabend bei uns noch etwas stärken wollten – oder ganz offensichtlich „unverdächtige" Gäste –, durften passieren. Selbst die Tiefgarage, die wir mit einem Hotel und den Ballbesuchern teilen, war mehr oder weniger hermetisch abgeriegelt. Besondere Abende erfordern eben besondere Maßnahmen, wie viel Geld wir dabei verlieren, interessiert offensichtlich niemanden. Nun gut, wir waren das alles schon seit Jahren so gewohnt und mussten für diesen Abend zähneknirschend auf einen großen Teil des Umsatzes verzichten.

Aber diesmal kam's noch dicker: Die Demonstranten wollten die vorbeugenden Maßnahmen nicht so recht akzeptieren und setzten noch eins drauf: Nachdem der Zugang zum Veranstaltungsgebäude großräumig abgeriegelt worden war, veranstaltete die leicht aufgebrachte „Wir sind dagegen"-Fraktion einen mehrstündigen Sitzstreik. Direkt vor dem Haupteingang unseres Restaurants! Vier Stunden lang gab's kein Rein und Raus mehr, für niemanden. Wehren konnte man sich – zumindest als Wirt – dagegen nicht. Ich – ein Wirt mit 56 Mitarbeitern und täglich etwa 2.000 Gästen – war wieder einmal als völlig Unbeteiligter in die Angelegenheiten einer kleinen, aber lautstarken Gruppe verstrickt worden. Der Gipfel der Frechheit war aber, dass einige hundert der vermummten und laut pfeifenden Demonstranten auf die großartige Idee kamen, unser Unternehmen mit peinlichen, beleidigenden und geschäftsstörenden Eintragungen auf diversen Online-Seiten und Social-Media-Kanälen zu verunglimpfen. Man verfasste völlig aus der Luft gegriffene Bewertungen über die Küche und unser Personal. Folge: Unser durchwegs positives Internet-Ranking wurde zunichte gemacht.

Dass so eine unüberlegte und hinterhältige Aktion in letzter Konsequenz sogar Arbeitsplätze gefährdet, ist diesen Demo-Touristen wahrscheinlich egal. Neben großem Ärger, einigen tausend Euro Geschäftsentgang und Müll vor dem Haus mussten wir nun auch noch diesen Shitstorm über uns ergehen lassen. Obwohl wir mit der Veranstaltung einen Stock über uns absolut nichts am Hut hatten! Wieder mal ein Beweis dafür, dass Online-Bewertungen auf diversen Gastro-Plattformen oft sehr viel mit Kampagnisierung und wenig mit ehrlicher Kritik zu tun haben. Die Meinung über ein Lokal bildet man sich ohnehin immer noch am besten bei einem persönlichen Besuch. Es muss ja nicht unbedingt eine Sitzblockade draußen vor der Tür sein.

Wie im schlechten Film

Etwas unrasiert, die Haare mit nassem Kamm nach hinten frisiert, Wohlstandsbäucherl, „feiner Zwirn" in Form eines dunkelblauen, abgenutzten Trainingsanzugs. Die drei in Gold gehaltenen Adidas-Streifen leuchten wie die Sterne eines US-Army-Generals: Ganz unverkennbar das Branding eines frisch „Zuagrasten" aus einem östlichen Staat – oder eines „Österreichers mit Migrationshintergrund", wie es politisch korrekt heißt. Kein Vorurteil, sondern schlicht und einfach Routine aus 45 Jahren Gastronomie. Bei täglich etwa tausend Gästen aus allen Winkeln Europas und „dem Rest der Welt" entwickelt man schnell ein sensibles Gespür für Typen und Nationalitäten.

Der gute Mann – nennen wir ihn Igor – wollte weder ein Menü ordern noch einen Tisch reservieren, er brauchte Geld. Denn als Igor unseren im schwarzen Sakko gekleideten und mit einem gut leserlichen Namensschild ausgestatteten Oberkellner Kumari erblickte, winkte er ihn umgehend mit einem forschen „Hallo-hallo!" herbei. Kumari*, unser Kollege aus Pakistan, ist ein fleißiger und zuvorkommender Kellner. Natürlich eilt er sofort zum vermeintlichen Gast. Und natürlich beugt er sich auch ganz nahe zu Igor, als dieser ihn mit einer kleinen Handbewegung darum bittet. Und jetzt kommt's! Mit leiser, rauer Stimme, im Stile eines erstklassigen Marlon-Brando-Doubles, flüsterte der Reserve-Pate dem fassungslosen Kumari ins Ohr: „Diese Restaurant zahlen 2.000 Euro, dann nix Problema!"

* Name geändert

Oha! Kumari dachte zunächst, hier unfreiwillig die Hauptrolle bei „Versteckte Kamera" zu spielen. Als aber weder eine Kamera auftauchte, noch ein Moderator hinter dem Blumentopf hervorsprang, war er doch einigermaßen verunsichert. Er nickte verwirrt und versuchte es mit einem an dieser Stelle doch nicht so ganz passenden Lächeln. Kurz darauf stand Kumari vor mir, und ich musste erfahren, dass das, was ich bisher für blödsinnige Klischees von billigen Hinterhof-TV-Produktionen gehalten hatte, plötzlich in meinem eigenen Lokal Wirklichkeit wird: Schutzgelderpressung!

Möglichst unauffällig zeigte mir Kumari, wo dieser auf einen flotten Umsatz bedachte Herr saß. Mein erster Eindruck: Hier handelte es sich um jene Art von Zeitgenossen, mit denen man weder Kirschen noch sonstige Nahrungsmittel essen sollte. Was sollten wir tun? Uns mit lautem Gebrüll auf ihn stürzen, ihn niederringen, in den Schwitzkasten nehmen und das gut 110-kg-Bröckerl aus dem Lokal zerren? – Wohl eher schlechte Optionen, mit der hohen Wahrscheinlichkeit eines üblen Ausgangs. Schließlich hatten wir einen anderen Plan: Ich bat einen Freund und lieben Gast, sich neben den Möchtegern-Erpresser an die Bar zu setzen. Schließlich, das liest man ja in jedem Kriminalroman, braucht es Zeugen, wenn man ein Verbrechen beweisen will. Mein Freund nahm nah bei Igor Platz und der tapfere Kumari wagte sich ein zweites Mal zu dem unheimlichen Gast. Um ehrlich zu sein: Der mit allen Wassern gewaschene Supergauner mit Mafiakontakten war unser Igor dann wohl doch nicht. Brav bestätigte er – quasi fürs Protokoll – nochmals sein Ansinnen samt der Drohung: „Sonst was passieren." Unser Zeuge hörte alles einwandfrei mit, und selbst ich, der ich fünf Meter entfernt von Igor saß, konnte große Teile des „Businesstalks" verfolgen! Da war also nicht nur ein gehöriges Maß an Frechheit, sondern auch eine ordentliche Portion Dummheit im Spiel. In Erwartung der Erfüllung seiner „Honorarwünsche" über 2.000 Euro (ob inklusive oder exklusive Steuern stand noch nicht zur Diskussion) blieb er grimmig blickend, aber äußerlich cool an der Bar sitzen. Sein frisch gezapftes „Josef"-Bier in der Hand, wartete er seelenruhig auf das Schutzgeld. Und wartete noch, während ich mich hinters Handy klemmte und den Polizeinotruf wählte.

Auch wenn der Polizeichef ein sehr lieber langjähriger Freund von mir ist – mit dem Telefondienst des Polizei-Einsatzkommandos hatte ich immer meine Probleme. Die betreffende Stelle erscheint mir – na, sagen wir mal – nicht besonders serviceorientiert. Ich erklärte dem zuständigen Inspektor am anderen Ende der Leitung den Sachverhalt. Und bat – wissend, dass es mit der Beweislage in solchen Fällen meist sehr kompliziert ist –, zwei verdeckte Ermittler, also Beamte in Zivil, vorbeizuschicken. Soviel ich wusste, hatten immer einige von ihnen Dienst in der Innenstadt. Sie könnten sich neben

Igor an der Bar platzieren, während wir ein weiteres Mal versuchen würden, uns den Erpressungsversuch bestätigen zu lassen. Einer Verhaftung samt entsprechender hochverdienter Bestrafung stünde dann nichts mehr im Wege.

Klingt nach gutem Plan, aber weit gefehlt. Der Polizeibeamte, der an diesem Tag Telefondienst hatte, klärte mich – im zackigen Befehlston – auf: „Lieber Herr „Josef"-Wirt, erstens haben wir an diesem Wochenende keine verdeckten Ermittler im Einsatz. Und zweitens sind eh ein paar Polizeistreifen in der Nähe. Die werden sich aber wegen Ihrem Schutzgelderpresser sicher nicht extra umziehen." Schließlich aber doch: „Also, ich schicke Ihnen zwei Uniformierte vorbei!" Etwa 15 Minuten später: Der Möchtegern-Erpresser hatte sein Bier inzwischen fast ausgetrunken und wartete noch immer auf die geforderten 2.000 Euro. Die Polizisten erschienen, baten den Herrn vor das Lokal und begannen mit den Ermittlungen. Ich hoffe, es lag nicht an unserem Bier, aber auf einmal war Igor (er kam aus Rumänien) der deutschen Sprache nicht mehr mächtig. Er sprach ausschließlich in einem unverständlichen, vermutlich rumänischen Dialekt. Die „Open Air"-Befragung vor dem Lokal schien er weniger zu mögen, denn er versuchte mehrmals zu fliehen. Letztendlich mussten ihm die Polizisten Handschellen anlegen und ihn abführen.

Unsere Nachfrage ergab, dass er bereits am nächsten Tag wieder freigelassen wurde. Grund: „Fehlende Beweise", er habe in seinen Aussagen darauf hingewiesen, dass alles ein Irrtum sei und er ja gar nicht Deutsch könne. Wie solle er da jemanden erpressen? Unsere drei Zeugenaussagen halfen nichts. Einzige Konsequenz: Unser Oberkellner Kumari trägt seit diesem Tag sein Namensschild nicht mehr. Er hat Angst um seine Frau und seine zwei Kinder. Und von meinem Glauben an die Gerechtigkeit in unserer Gesellschaft ist schon wieder ein Stückchen abgebrochen.

Leitungswasser marsch!

Es passiert selten, dass wir Reservierungen von Reisegruppen annehmen – und das hat einen guten Grund: Reisegruppen zahlen in der Regel sehr schlecht, sind generell unpünktlich, die Gruppengrößen stimmen meist nicht mit der Reservierung überein, Sonderwünsche ohne Ende, und wenn sie erst mal da sind, konnte es nicht flott genug gehen. Allerdings: Herrscht mal etwas Flaute, handelt man als Unternehmer auch mal nach dem „Besser-der-Spatz-in-der-Hand-als-die-Taube-auf-dem-Dach"-Prinzip. Also kamen wir der Gruppe mit einem guten Preis für ein dreigängiges Menü entgegen, weil wir hofften, beim Getränkeverkauf Geld zu verdienen.

Wir hatten uns gut vorbereitet. Ausreichend alkoholfreie Getränke und Weingläser waren eingestellt. Jetzt brauchten wir nur mehr die gewünschten Getränke einzuschenken. Um ein rasches und klagloses Service zu garantieren, hatten wir zur Unterstützung sogar eine eigene Aushilfs-Crew engagiert. Doch da hatte der Wirt die Rechnung ohne die Gäste gemacht: Bereits die Aufnahme der Getränkebestellungen erwies sich als Herausforderung. Die Gäste – allesamt Taiwanesen – sprachen kein Englisch. Der sichtlich nervöse und überforderte Reiseleiter orderte für die ganze Gruppe einfach Trinkwasser und bestellte selbiges immer wieder nach. Ganze 48 Liter kamen so zusammen, kostenlos, versteht sich, ohne Berechnung unserer Leistungen (84 benutzte Gläser, Arbeitszeit, Sitzplätze, Betriebskosten, Abgaben, Miete und, und, und).

Nur gezählte drei andere Getränke wurden in den zwei Stunden bestellt und auch extra bezahlt. Eine Geschichte, an die ich immer denke, wenn wieder mal von den „gierigen Wirten" gesprochen wird, die es wagen, für freundlich serviertes köstliches Trinkwasser aus den österreichischen Alpen Geld zu verlangen.

Geschichten vom WC

Stellen Sie sich vor: An Ihrer Tür klingelt es. Draußen stehen fünf verwahrloste Gestalten, die alle mal schnell Ihr WC und Ihren Waschraum benutzen wollen. Sie sagen „Ja!" und zum Dank hinterlassen diese Herrschaften eine Landschaft in Ihrer Toilette, die an den Kinofilm „The Day After" erinnert. Wie würden Sie in Zukunft auf so ein Ansinnen reagieren? Na eben!

Haben Sie sich schon mal gefragt, wo – zumindest in meiner Stadt – die nicht unerhebliche Anzahl der auf der Straße lebenden Punks, Sandler oder Bettler ihre Toilette verrichtet? Die klingeln nicht bei Ihnen an der Tür, sondern die suchen Gastronomiebetriebe auf! Ungefragt, selbstverständlich ohne Konsumation und – was das Schlimmste ist – ohne jede Rücksicht auf nachfolgende Kundschaften.

Und welche Gedanken gehen Ihnen dann durch den Kopf, wenn Sie während eines Gastronomiebesuches mal das WC aufsuchen müssen und dort eine Landschaft vorfinden, die so ziemlich genau das Gegenteil von appetitanregend ist? Sagen wir's noch etwas deutlicher: Verschmutzte WCs, überschwemmte Pissoirs und übel riechende Toilettenanlagen in der Gastronomie sind ein Gräuel! Sogar benutzte Babywindeln habe ich schon aus den unmöglichsten Verstecken holen müssen. Wer so etwas vorfinden muss, ärgert sich zu Recht.

Die Kosten für die regelmäßige Reinigung müssten doch mit der Konsumation abgegolten sein, denken Sie jetzt vielleicht! Da sind wir Wirte ganz bei unseren Gästen: Wer etwas konsumiert, hat auch das Recht, die Toiletten zu benutzen und diese in einem entsprechend sauberen Zustand vorzufinden. So weit die Theorie. Jetzt zur Realität am Beispiel unseres Lokals: Bereits Stunden bevor der Lokalbetrieb richtig startet, haben in unserem Lokal mehrere dutzend (!) Passanten die Gratis-Gästeklos besucht, teilweise scheinbar Ganzkörperpflege betrieben, vielleicht sogar Zähne geputzt, ihren Müll hinterlassen, das eine oder andere WC mit einer ganzen Semmel verstopft, den Spiegel beschmiert oder mit Fettfinger-Abdrücken „personalisiert" und sich vielleicht noch einen morgendlichen Joint reingezogen. Wohlgemerkt: Das alles, ohne etwas zu konsumieren!

Viele Gastronomen müssten schon längst einen eigenen Mitarbeiter als „WC-Security" abstellen, der den Zugang zum gar nicht so stillen Örtchen kontrolliert. Doch das ist einerseits zu kostenintensiv, andererseits käme so ein „WC-Wächter" wohl nicht gut rüber. Man hätte vermutlich bald eine Klage wegen Diskriminierung, negative Pressemeldungen oder sonst was am Hals.

Klar ist: Den Dreck am WC macht nicht der Wirt, machen nicht immer die eigenen Gäste. Und irgendwann scheitert man auch daran, das verwüstete stille Örtchen im Viertelstundentakt immer wieder aufs Neue auf Vordermann zu bringen. Aber wer weiß: Vielleicht werden auch die Gastro-WCs bald kostenpflichtig sein. Denn wie kommen die Wirte dazu, kostenlose öffentliche Toiletten für jedermann anzubieten, wenn sich das nicht mal Städte oder große Einkaufszentren leisten können oder wollen – und selbst die mittlerweile dicke Gebühren verlangen?

Von Ratten und PC-Mäusen

Durch eine stadtbekannte, sehr beliebte Linzer Facebook-Gastrogruppe, in der (nicht nur positive) Restauranterlebnisse verbreitet werden, geisterte kürzlich eine aufwühlende Meldung: In einem italienischen Restaurant sei soeben eine Ratte durch den Gastgarten geflitzt! Huch! Und – wie könnte es anders sein heutzutage – jemand hatte zur rechten Zeit sein Handy gezückt und diese sensationelle Erscheinung fotografisch festgehalten. Blitzschnell wurde das rattenscharfe Foto gepostet. Die nach Neuigkeiten im Minutentakt hungernde Social-Media-Gemeinde war wieder gesättigt. Zumindest für einige Tage steigerten sich die Zugriffe.

Aufgeregtheiten wie diese sind auch für gewisse Zeitungen aus Mangel an Berichtenswertem ein gefundenes Fressen. Deren meist schlecht bezahlte Mitarbeiter, die ihre Schreibtische ohnehin kaum zu verlassen scheinen (Sparmaßnahme oder einfach Bequemlichkeit?), ergänzen das Foto mit ein paar schnoddrigen, recherchefreien Anmerkungen – und fertig ist der reißerische Aufmacher! Der dankbaren Zielgruppe läuft die Gänsehaut über den Rücken.

Unaufgeregt betrachtet: Was ist eigentlich passiert? Eine Ratte lief durch einen Gastgarten in der Stadt. Und? In einer Zeit, in der Rehe, Hasen, Falken und sogar Wildschweine Teile unserer Städte erobern, kann es doch nicht so verwundern, wenn sich auch mal eine Ratte zwischen Donau, Kanalisation und Innenstadt verirrt. Und: Was heißt „verirrt"? Eigentlich sind Ratten seit Jahrhunderten Stadtbewohner, vor allem in Städten mit historischer Kanalisation und großen Altstadtbezirken. Seit jeher leben Ratten mit Menschen gemeinsam, auch wenn wir das nicht wahrhaben und nach außen ein klinisch sauberes Bild zeichnen wollen.

Letztens sah ich so einen Nager über die Promenade meiner Heimatstadt trippeln, direkt am Gastgarten eines beliebten In-Cafés vorbei. Mein lieber Schwan, ich wäre in „Likes" ertrunken, hätte ich mein Smartphone gezückt, abgedrückt und an Facebook abgeschickt ... Gnade Gott – oder besser – Gnade Mark Zuckerberg, dem Facebook-Erfinder! Denn: Ratten sind nun mal „animalia non grata" in unserer Gesellschaft. Eichhörnchen, Feldhasen oder Spatzen („Moi, wie putzig!") werden gehätschelt. Gar nicht zu reden von den Tauben, die ja nicht nur von Pensionisten und anderen Tierliebhabern gefüttert werden, und die uns dann aus Dankbarkeit die Stadt zusch... Auch die Gastgärten!

Und wetten: Landet mal so ein unerfreulicher Taubengruß auf dem Tisch eines Restaurants, wird sich sicher wieder so ein selbst ernannter Restaurantkritiker und Facebook-Poster finden. Er wird sein Smartphone zücken, abdrücken und an Facebook abschicken. Und er wird dazu „Skandal!" ins Handy tippen. Und viele werden das „liken", besonders die Mitarbeiter gewisser Zeitungen, die wieder einen Aufmacher mehr haben. Danke, Facebook, jetzt kann jede „Ratte" ihre Maus in die Hand nehmen und mitmachen! Noch nie war Rufmord so einfach wie heute.

Was heißt da fair?

Nicht, dass ich lauschen würde, aber letztens konnte ich gar nicht anders, als dem Gespräch zweier mit kräftigen Stimmen und ebensolchen Hüften ausgestatteten End-50er-Damen zu lauschen. Ja, und ich gebe zu: Die Tatsache, dass offensichtlich ein Restaurantbesuch das Thema ihres Dialogs war, machte es für mich noch unmöglicher, wegzuhören.

Dame 1: „Ich war mit meinem Mann im XY essen."

Dame 2: „Was hat's gekostet?"

Dame 1: „Zweimal Vorspeise, dazu Fisch oder Fleisch als Hauptgericht, ein Bier, ein Glas Wein und Wasser waren auch dabei."

Dame 2: „Was hat's gekostet?"

Dame 1: „Alles zusammen 16 Euro. Also das ist wirklich sehr in Ordnung."

Dame 2: „Ja, wirklich faire Preise."

Ich unterdrückte das in mir aufsteigende Begehren, in den Dialog der beiden Damen einzusteigen und ihnen mitzuteilen, dass sie – mit Verlaub – kompletten Schwachsinn von sich geben. Denn überlegen Sie mal: Vorspeise, Fisch oder Fleisch als Hauptgericht, ein Bier, ein Glas Wein und Wasser und das mal zwei um 16 Euro alles zusammen – für wen ist dieser Preis fair?

Fair für den Gastronomen, der zwischen immer höheren Betriebskosten, aufwendigen Auflagen auf der einen und der Schnäppchenmentalität seiner Gäste auf der anderen Seite zerquetscht wird?

Fair für die Angestellten in der Gastronomie, deren Gehalt aus oben genannten Gründen stagniert bzw. sich nach unten bewegt? (Leider auch für jene, die aufgrund ihrer Leistung und ihres Einsatzes durchaus mehr verdient hätten.)

Fair für den Landwirt und den Fleischer, die, erdrückt von der Konkurrenz durch EU-gestützte Großbetriebe, ums nackte Überleben kämpfen?

Fair für den Winzer, der nahezu täglich seine Rebstöcke pflegt, am Geschmack seiner Weine feilt und dabei stets Frost und Hagel fürchten muss?

Oder fair für die Tiere, die unter immer unwürdigeren Bedingungen gehalten und geschlachtet werden müssen, um diesen Spottpreis halten zu können?

Nein, fair ist das nicht!

Unsere Gesellschaft ist zu einer Schnäppchen-Meute verkommen. „Geiz ist geil", „Rabattschnorren", „Schlussverkauf" da, „Minus-irgendwas-Prozent" dort. *„I hob zwoar ka Ohnung, wo i hinfoahr, aber dafür bin i gschwinder duat!"*, singt Helmut Qualtinger in dem

Lied „Der Halbwilde". Auf die eben genannte Situation bezogen, könnte man diesen Spruch etwas abwandeln: *„I hob zwoar ka Ohnung, wos i in mi einestopf, aber dafür is billiger!"*

Warum ist es so vielen Menschen offensichtlich komplett egal, welchen Mist sie schlucken, solange es sich nur um günstigen Mist handelt? Ein Packerl Nudeln um 79 Cent, Fertig-Sugo (1,29 Euro) daraufgepappt, dazu ein „Voll-in-Ordnung"-Tetrapak-Wein um 99 Cent – fertig ist das Unter-5-Euro-Menü für zu Hause. Welch ein Triumph für alle Geizgeilen und deren Brieftaschen!

Was ich hinter dieser Schnäppchengier erkenne, ist vor allem eines: Respektlosigkeit. Den Menschen, den Tieren und der Gesellschaft gegenüber. Doch das Preisdumping-Karussell dreht sich munter weiter, und Produzenten, Handel und Konsumenten fahren begeistert mit. Dass sich das nie und nimmer für eine wirklich „faire" Herstellung ausgeht, müsste doch jedem denkenden Menschen einleuchten. Aber wer will schon nachdenken, bei so einem Preis?

Fröhliches Preisschleudern im Supermarkt: Ein ganzes Huhn unter vier Euro, zehn Eier um 99 Cent, ein halbes Kilo Erdbeeren aus Südspanien um 1,49 Euro – klingt unglaublich, alles aber schon da gewesen. Damit dieses Spiel funktioniert, musste da doch irgendjemand bis aufs Letzte ausgebeutet werden. Die Lebensmittelkonzerne und deren Aktionäre sind es wohl nicht, die auf der Strecke bleiben. Wohl eher die Natur, die Tiere, die Bauern und die hunderttausenden um ihren Job zitternden Arbeiter, die als Rädchen in dieser Wahnsinnsmaschinerie dienen.

Und auch wenn sie es nie ahnen würden: Auch „meine" beiden Damen sind Teil dieser Wahnsinnsmaschine. Was mir an ihrem Gespräch besonders auffiel: Keine der beiden verlor auch nur ein Wort über die Speisen selbst, über deren Geschmack, Zubereitung oder Präsentation. Kein Wort über das Lokal selbst, das Ambiente, die Mitarbeiter. Alles kein Thema. Hauptsache: Der Preis!

Ich bin überzeugt: Irgendwann schaffen es unsere tüchtigen Wissenschafter, Geld herzustellen, das man essen kann. Man erspart sich dann die blöden Umwege über Suppe, Salat, Gemüse, Fleisch oder Wein. Legt die Scheine (möglichst wenige, man „ist ja nicht blöd", sondern „geil geizig") auf den Teller, schluckt sie runter, dazu vielleicht ein Glas Münzen. Das wäre doch ehrlich, transparent und direkt. Fair eben, oder?

Sitze hier und esse schlecht!

Die das Internet förmlich überschwemmenden Gastro-Foren und -Blogs mögen ja recht unterhaltsam und in einigen Fällen auch fundiert sein. Sicher ist: Uns Gastronomen und Hoteliers nehmen sie oft die Chance, angemessen auf Kritik unserer Gäste zu reagieren. Hatte man früher Gelegenheit, die eine oder andere Panne, ein Missverständnis oder eine Beschwerde in einem Gespräch zu klären und gleich vor Ort wiedergutzumachen, sieht es jetzt dank einer ständig steigenden Zahl von Online-Hobbykritikern anders aus: Meist negative Eindrücke werden noch während des Restaurantbesuchs „live" an die große Internet-Gemeinde weitergeleitet. Und die wartet natürlich auf Futter, am besten solches, das aus Beschwerden, Beleidigungen und Verallgemeinerungen zusammengebraut ist. Dazu noch ein paar manipulative Fotos, die das Geschriebene untermauern sollen – fertig ist die Kritikersoße! Auf zur Gastronomenjagd, einem Sport, dem man anonym und ohne Rücksicht auf die wirtschaftlichen Folgen nachgehen kann.

Die internationalen Gastrokonzerne haben das natürlich längst kapiert und reagieren auch dementsprechend. Ein Heer von Mitarbeitern durchkämmt die einschlägigen Blogs, sorgt für positive Stimmung und erstickt drohende Kritik nach Möglichkeit im Keim. Klar, dass hier der kleine Gastwirt nicht mithalten kann und sich – auch unberechtigte – Kritik zu einer geschäftsschädigenden Lawine auswirken kann, der man nichts entgegenzusetzen hat. Den

Lesern dieser Blogs sei geraten: Wie wäre es wieder mit dem Einsatz des eigenen Urteilsvermögens? Wie wäre es, sich wieder höchstpersönlich ins Lokal seiner Wahl zu begeben und sich dort selbst eine Meinung zu bilden, statt sich auf Rankings und Blogs zu verlassen?

Der Vollständigkeit halber sei gesagt: Es gibt natürlich auch solche in der Gastro- und Reiseblog-Szene, die nicht auf halbwitzige Halbwahrheiten aus sind, sondern ihren Lesern schlicht und einfach mitteilen wollen, wo es ordentliche Lokale gibt. Doch die sind leider in der Minderzahl. Deshalb der nun folgende „Brief an die Gastrokritiker", vor allem an jene, die Kritik als Hobby betreiben und sich vielleicht oft der Konsequenzen ihres Tuns nicht bewusst sind.

Liebe bloggende, postende, kommentierende Gastrokritiker!

Stellen Sie sich vor: Sie sind Wirt. Sagen wir: vom „Josef", einem Wirtshaus und Szenelokal in Linz. Es ist Sonntag, ausnahmsweise freier Abend. Endlich Ruhe vom Stress nach sechs Tagen Arbeit nahezu rund um die Uhr. Und dann ein Mail. Jemand schickt Ihnen einen Link zu einem Gastroblog. Dort wird, so der Mailschreiber, gerade Ihr Lokal in der Luft zerrissen. Sie wissen, es geht um Ihre kostbaren freien Stunden, Sie sollten es nicht tun, aber … Sie klicken auf den Link. Was sich dort abspielt, im Schnelldurchlauf: Furchtbar gestern im „Josef": heil-

loses Durcheinander, überlastete Kellner, angebrannte Burger, kein Brot mehr da, Fleisch zu trocken, lange Wartezeiten … und überhaupt.

Das Schlimmste an der Sache: Sie wissen, dass diese Kritik teilweise berechtigt ist. Denn Sie waren gestern auch im „Josef". Sogar bis 2 Uhr früh. Im Unterschied zu den wetternden Gästen kennen Sie aber auch alle Details und Hintergründe: Viele Mitarbeiter auf Urlaub (Urlaubsvertretung bei der heutigen Personalsituation? – Es darf gelacht werden!), volles Lokal, an die 500 Gäste. Plötzlich, mitten im besten Geschäft, starker Regen und Sturm! Alle Gäste, die im Freien sitzen, wechseln in Sekundenschnelle zum überdachten Teil des Lokals. Heilloses Durcheinander. Manche Gäste nehmen's mit Humor und Verständnis, andere schimpfen, werden beleidigend. (Das sind dann meist genau die, die zum Smartphone greifen und ihre Blogs füttern!) Speisenträger finden „ihre" Gäste nicht mehr, Essen wird falsch und zu spät serviert, Getränke lassen auf sich warten. Dann Verschärfung der Lage: Das Unwetter treibt mit einem Schlag zusätzlich rund hundert Schutz suchende Passanten von der Straße ins Lokal. Chaos perfekt! Und weil ein Unglück selten alleine kommt, hat sich auf der Markise, unter der sich die Gäste drängen, eine riesige Wasserlache gebildet. Wollen Sie jetzt einer von den „Josef"-Mitarbeitern sein, der die Gäste auffordern muss, ihren gemütlichen Platz zu verlassen, weil man jetzt leider aus Sicherheitsgründen die Markise einrollen müsse? Wollen Sie nicht! Aber einer muss es ja tun! So also schreitet das „Josef"-Team zur Tat, die Markise verschwindet im Kasten und die „Vertriebenen" strömen murrend ins Lokalinnere. Dort erreicht das Durcheinander einen neuen Höhepunkt. Auf so etwas ist niemand vorbereitet. Auf so etwas kann man sich auch nicht vorbereiten.

Trotzdem denken Sie jetzt darüber nach, was Sie anders, besser hätten machen können. Sie denken an Ihr Lokal, das mittlerweile neben einem zweiten das letzte in der ganzen Straße ist. Sie denken an die „goldenen" 80er-Jahre, als Sie das erste 2-Hauben-Restaurant in Linz führten und Sie mit anderen Gastropionieren für eine Qualitätssteigerung der landwirtschaftlichen Produkte in Österreich sorgten. Sie denken an die Lehrlinge, die Sie in Ihrem Lokal ausbildeten und die oft nicht nur in gastronomischer Hinsicht einiges zu lernen hatten. Sie denken daran, dass viele dieser Lehrlinge heute in den besten Restaurants der Welt arbeiten, leider nicht in Österreich, weil ihre Leistungen hier sehr oft nicht anerkannt werden. Sie denken an Ihre 56 Mitarbeiter aus 16 Nationen, von denen viele ihren Beruf zwar nicht gelernt haben, die sich aber dennoch zum großen Teil darum bemühen, dass sich Ihre rund 750.000 Gäste pro Jahr wohlfühlen.

Ja, auch das alles ist ein Teil des Geschäfts, aber von diesen Dingen wollen die wütenden Internet-Kritiker nichts wissen. Sie sind verärgert und wollen diesem Ärger Luft verschaffen. Das Smartphone ist das Ventil dazu. Und deshalb blättern Sie sich durch eine Litanei von negativen Bemerkungen und Beschimpfungen. An einem Sonntag.

Stellen Sie sich das alles vor und dann werden Sie vielleicht die Gastronomie mit etwas anderen Augen sehen. Vielleicht dem Kellner, dem Koch, dem Wirt ein wenig anders gegenübertreten. Und vielleicht das Smartphone stecken lassen.

Günter Hager, Wirt

PS: Gerade an dem oben geschilderten Wahnsinnstag hatten wir zwei der bekanntesten Gastro- und Tourismus-Blogger Deutschlands zu Gast. Im Gegenteil zu vielen anderen ihrer Internetkollegen blieben sie aber nicht anonym, sprachen mich an und zeigten sich begeistert von der Art, wie unsere Mitarbeiter mit der extremen Situation umgingen. Dass an diesem Tag vieles nicht rundlief bei uns, merkten sie natürlich auch. „Wir waren selbst einmal Gastronomen und wissen, wie mühsam und schwierig diese Branche ist", erzählten mir die zwei dann. „Wenn es mal total in die Hose geht, berichten wir einfach nicht darüber. Wir wollen ja unseren hunderttausenden Lesern Freude machen, leben davon, zu vermitteln, wo es uns gefallen hat. Über Fehler und Missgeschicke berichten, deren Hintergründe und Ursachen wir nicht kennen, das liegt uns nicht." Auch das kann Gastrokritik sein!

„Werde wieder wie ein staunendes Kind, das die Welt entdeckt. Jeden Augenblick neu."

Aus Tibet

IV. ÜBER DEN TELLERRAND GEBLICKT

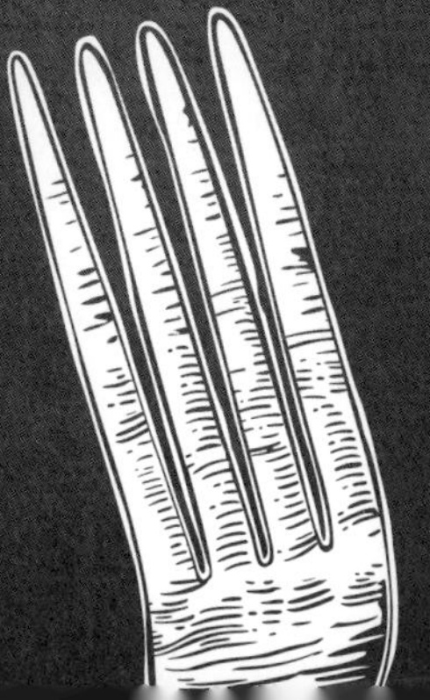

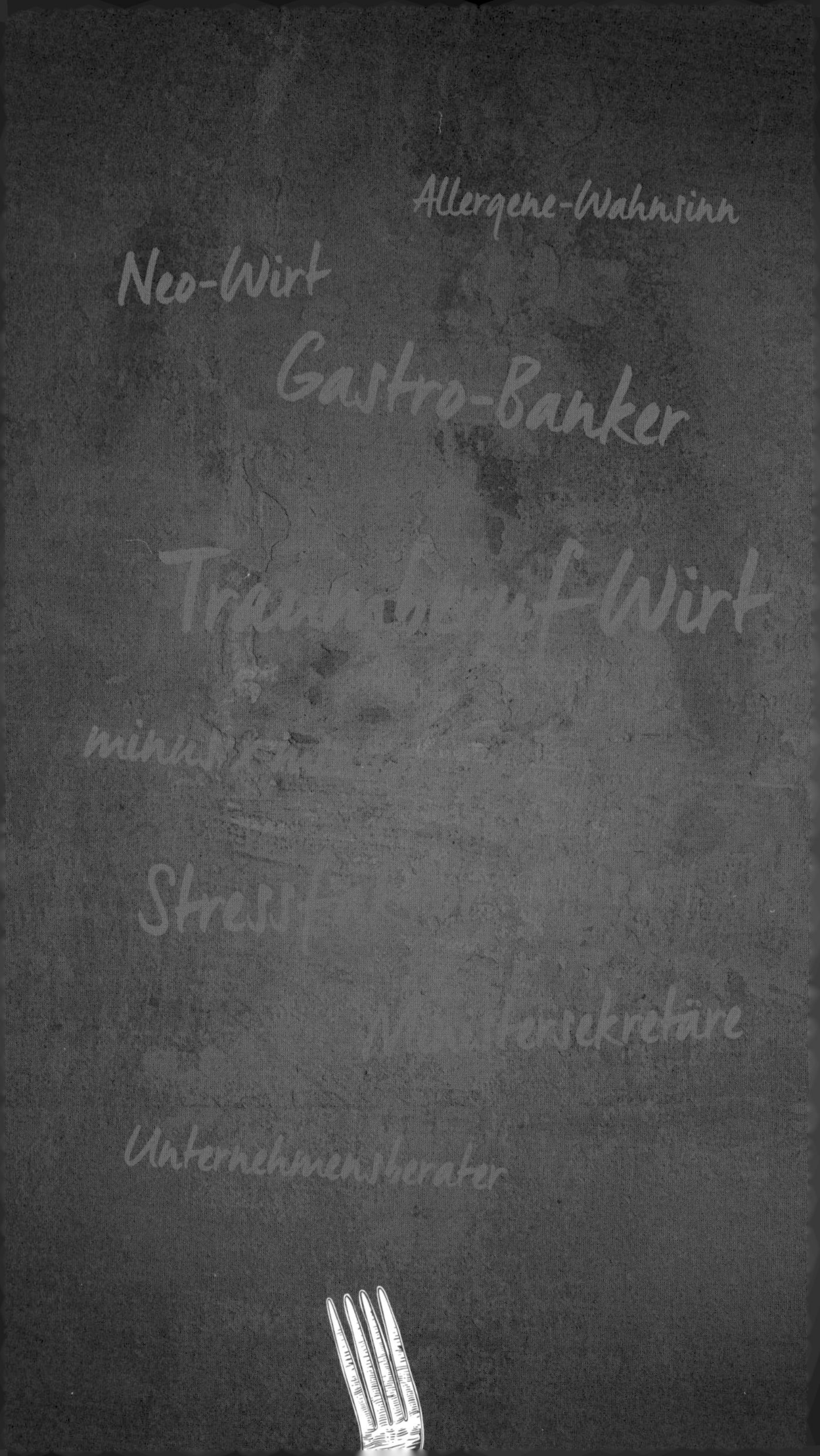
Allergene-Wahnsinn
Neo-Wirt
Gastro-Banker
Stress
Unternehmensberater

Traumjob Wirt, Nr. 1

Was macht einer, der in seinem Beruf alles oder zumindest sehr viel erreicht hat? Erfolg ist da. Geld ist da. Anerkennung auch. Und trotzdem: Langsam schleicht sich dieses Gefühl der inneren Unruhe ein, der brennende Wunsch, noch etwas Eindrucksvolles zu tun. Viele – meistens – Männer kommen in solche Situationen. Oft rund um den 40. bis 50. Geburtstag herum. Die einen kaufen sich dann eine Harley-Davidson und brausen Burn-out und Bluthochdruck davon. Andere unternehmen die Weltreise, von der sie schon immer geträumt haben, wieder andere gehen ins Kloster. Und gar nicht so wenige werden Wirt. Warum gerade Wirt, wo es doch ein Minigolfplatz oder ein Tretbootverleih auch getan hätte? Ich kann da nur Vermutungen anstellen: Wohl, weil man denkt, dass ein eifriger Gast zu sein, automatisch auch die Qualifikation für einen guten Gastgeber mit sich bringt. Und weil sich ein umschwärmter, von den Gästen und Medien gleichermaßen geliebter Restaurantbesitzer in den Tagträumen dieser hoffnungsvollen Umsteiger ja ganz gut macht.

Da war zum Beispiel Gerd*, Chef eines Modehauses: überaus erfolgreich, großzügig und prominent. Er organisierte die besten Feste der City, wir alle waren dabei und genossen diese tollen Events. Doch irgendwann wurde der Mann offenbar des Modelebens überdrüssig. Die innere Unruhe, man kennt das ja. Gastronom wollte er werden! Eine Vinothek wurde zum Objekt seiner Begierde. Eh klar, denn Wein ist hip (passt zur Modebranche), zieht viele

* Name geändert

schöne oder zumindest schön gekleidete Menschen an (passt ebenfalls zur Modebranche) und in die Zeitung kommt man damit auch (passt perfekt zur Modebranche).

Kleine Brötchen backen lag ganz und gar nicht in der Natur des nunmehr Teilzeit-Modehauschefs. Er rührte die Werbetrommel für sein neues gastronomisches Angebot, prunkvolle und einzigartig gestaltete Einladungen zu den originellsten Veranstaltungen flatterten in die Häuser der Gesellschaft. Was schon in seiner Zeit als Modehauschef sein großes Plus gewesen war, betrieb Gerd jetzt auf höchster Stufe weiter: Networking mit einer Extraportion Großzügigkeit und Lässigkeit. Nur diesmal eben nicht vor, sondern hinter der Theke. Er holte die besten Flaschen aus dem Keller und bewirtete seine Gäste, die auch meist seine Freunde waren. Bussi, Bussi – man kennt das ja. Mit Nebensächlichkeiten wie etwa der Bezahlung der kredenzten Weinschätze belästigte er seine Gäste oft erst gar nicht. Wer hat, der hat, und der Neo-Wirt hatte.

Wo Tauben sind, fliegen Tauben zu. A- bis Z-Promis gaben sich in der schicken Vinothek die Gläser in die Hand, das Lokal „brummte", wie man so schön sagt. Personalknappheit kannte man auch nicht, schließlich war es Gerd ja gelungen, die besten Sommeliers und Kellner von den gastronomischen Mitbewerbern abzuwerben. Atemberaubend überzogene Löhne sind halt doch ein recht wirksames Lockmittel. Dass der Neo-Gastronom jeder seiner frisch engagierten Gastro-Primadonnen jeweils einen Commis (Gehilfen) zur Seite stellen musste, machte sich natürlich bei den Personalkosten bemerkbar. Und manchmal hatte das üppige Personalangebot auch den Effekt, dass oft mehr Mitarbeiter als Gäste im Lokal zugegen waren.

Keine Frage, dass unser Gerd selbst ein guter Gast seines eigenen Lokals war, ebenso seine charmante Gattin samt Freundeskreis. Und nicht zu vergessen die beiden Kids, die – eben dem „Dreh-&-Trink-Alter" entwachsen – im väterlichen Lokal die große Sause starteten und auch ihre Freunde bewirteten. Bald schon war die Vinothek zu einem großzügigen privaten Wohnzimmer des Teilzeit-Modehauschefs geworden, der Inhalt des überaus exquisiten privaten Weinkellers war zu einem großen Teil an die Gäste verschenkt worden. Durchaus angenehm für die Familie und deren Freunde, aber alles andere als profitabel. Dass der Neo-Gastronom oft abwesend war und das korrekte Bonieren dem moralischen Anspruch seiner Angestellten überließ, mag ein ebenfalls gewinnmindernder Faktor gewesen sein.

Das Ergebnis: Auch nach drei Jahren warf das Lokal keine Gewinne ab und wurde deshalb von der Finanz als Liebhaberei eingestuft. Basta! Schließlich das Ende des „Abenteuers Gastronomie" für den Modehauschef: Lokal verkauft, ausgeträumt. Ist halt doch nicht so easy hinter der Theke, wie es von vorne aussieht …

Traumjob Wirt, Nr. 2

Roberto* hatte sich gerade angeschickt, seine Karriere als einer der größten und erfolgreichsten Banker Österreichs zu starten. Bald nach seinem Jobantritt verkündete er laut einige Veränderungen, die er einzuführen gedenke. Unter anderem die Schließung des hauseigenen Gourmetlokals. Schließlich sei man ja eine Bank und kein Gastronomiekonzern. Gut gebrüllt Löwe, aber dann kam plötzlich der Gesinnungswandel und der Beginn einer einzigartigen „Gastrokarriere" desselben Bankers. Die „Kantine" des Hauses, die alle Mitarbeiter der Bank versorgte, war nicht mehr genug. „Gastro-Banker" Roberto wollte auch die vielen Gäste der immer häufigeren hauseigenen Veranstaltungen kulinarisch und getränketechnisch bestens versorgt wissen. Man baute einen prunkvollen Veranstaltungssaal mit allen technischen Raffinessen. Bald wurde man zu einem der größten Gastgeber der Stadt. Nicht nur der Generaldirektor war hier großzügig, auch Kunden und vor allem Serviceclubs nisteten sich gratis ein. Konzertveranstaltungen und Charity-Events aller Art waren die Folge. Die Veranstaltungen nahmen innerhalb kürzester Zeit eine Größe und Perfektion an, die so manche Hollywood-Filmpremiere in den Schatten gestellt hätte. Natürlich immer an vorderster Front und Star jeder Veranstaltung: Mister Bankdirektor Roberto himself. Er ließ sich feiern, stand im Mittelpunkt, wurde umschwärmt. Wohl nicht ganz grundlos entstand schließlich die Optik, dass bald die ganze Stadt auf Robertos Kosten – oder besser gesagt auf jene der Bank konsumierte.

---

* Name geändert

Und dann kam da noch die sensationelle Idee, jetzt doch – entgegen Robertos Antrittsankündigungen – einige Gastronomieunternehmen ins Banken-Portfolio aufzunehmen. Quasi das Imperium auszuweiten und angebliche Synergieeffekte zu nutzen. Wie zu erwarten, wurden Familienangehörige und Freunde des Bankers in diese aufgeblähte Maschinerie mit aufgenommen, um ihr selbstverständlich erstklassiges gastronomisches und kaufmännisches Wissen einzubringen. Bald warb man tüchtige Mitarbeiter aus anderen Gastronomiebetrieben ab. Die Aussicht auf freie Wochenenden griff hervorragend und erwies sich als überaus förderlich bei der Personalsuche. Welcher Familienvater, welche Mutter, welcher Partner lässt sich diesen „Gastro-Jackpot" schon gern entgehen?

Dieses Konzept funktionierte – zumindest aus der Sicht der Bank – gut. Aber nur so lange, bis ein weiterer, ebenso ambitionierter Direktor einer anderen Bank auf den Geschmack kam, sich ebenfalls als Gastronom zu versuchen. Für dieses Gastrovorhaben wurde ein noch größerer und prunkvollerer Gästesaal errichtet. Nur einen Steinwurf von Robertos Reich entfernt, lockte nun der neue „Banken-Maître" seine Kunden mit ebenso kostspieligen wie internationalen Vorträgen und Superstars an. Bei einem Veranstaltungssaal mit einem Fassungsvermögen von rund 1.500 Gästen kann man klotzen statt kleckern. Selbst das gegenüberliegende städtische Konzerthaus musste sich in Sachen Größe, Ausstattung und Veranstaltungsfrequenz hinter dieser tollen „Banken-Location" anstellen. Parkplätze waren kein Problem, das Konzerthaus hatte ja genug davon. (Dass sich die Freude der Konzerthausverantwortlichen über fremdparkende Konkurrenz in Grenzen hielt, lässt sich nachvollziehen.)

Zum imposanten Zeugnis dieses Gastro-Größenwahns artete alljährlich der Weltspartag aus. Allein an diesem Tag genossen bei diversen Veranstaltungen in der Region geschätzte 15.000 Gäste feinste Speisen und Getränke – alles produziert von den bankeneigenen Gastrobetrieben und finanziert von ebendiesen Banken. Man überbot sich förmlich – wohl nicht ganz im Sinne des weltweiten Spargedankens – mit den teuersten Köstlichkeiten und flog so manchen Haubenkoch ein. Das zahlreiche Personal, das man zu solchen Großevents benötigte, bezog man aus den privaten Ausbildungsbetrieben der ortsansässigen Gastronomie – die tausenden Gäste leider ebenso. Die Folgen für die Wirte: Die Restaurants und Gasthäuser, die ja vom Bewirten der Gäste leben, waren rund um den Weltspartag wie leergefegt.

Keine erfreuliche Sache für die Gastronomen, wenn jene Banken, die eigentlich die Unterstützer und Ermöglicher der lokalen Wirtschaft sein sollten, plötzlich zu deren Konkurrenten werden. Besonders pikant und blutdrucksteigernd wurde die Sache immer dann, wenn so mancher Gastrokollege von seinem Bankbetreuer wegen überzogener Konten und fehlender Umsätze vorgeladen wurde. Auf die

Idee, dass sie, die Banken selbst, mit ihrem Veranstaltungsstakkato und den zahlreichen Gratiseinladungen einen beträchtlichen Teil zur Not der Wirte beigetragen haben, auf diese Idee kam offensichtlich niemand der handelnden Personen.

Am Ende des Tages blieb aber auch „Pseudowirt" Roberto nicht von unliebsamen Konsequenzen verschont: Der alternde Bankdirektor musste seinen Hut nehmen. Sein Eifer in allen Ehren, aber der gute Mann hatte es mit den zahlreichen, wirtschaftlich oft unrentablen Beteiligungen nun doch übertrieben. Man hatte das gastronomische Engagement als kostspielige und zeitaufwendige persönliche Leidenschaft des Herrn Roberto erkannt und reduzierte schließlich die Gastro- und Eventtätigkeit auf ein moderates Maß.

Macht ja auch Sinn für jeden nachhaltig denkenden Bankmanager: Ist doch besser, die Banken-Veranstaltungen in den Gastronomiebetrieben der Region abzuhalten und die Mitarbeiter mit Gutscheinen aus diesen Häusern zu versorgen, als ihnen Konkurrenz zu machen. Das hilft diesen Betrieben, den Menschen in der Region, die über eine gesunde Gastronomie verfügen, und das hilft letztlich auch der Bank.

Traumjob Wirt, Nr. 3

Da war Manuel*, der Architekt: seit Generationen anerkannt und erfolgreich. Gleich nach dem Bürgermeister und Pfarrer gehörte er zu den angesehensten Persönlichkeiten der Gemeinde. Bald zeigte sich auch, dass er gerade bei gastronomischen Umbauten ein besonderes Geschick an den Tag legte. An jedem größeren Restaurant- oder Wirtshausumbau war er maßgeblich beteiligt. Stolz wurde er bei jeder Neueröffnung als wichtiger Teil des Erfolges präsentiert. Sein Unternehmen wuchs kontinuierlich.

Doch dann, der Anfang vom Ende einer bisher makellosen Karriere: Unter den Beteiligungen, die sich bei Manuel in den Jahren angesammelt hatten, gab es auch eine Liftgesellschaft. Schon war die Idee geboren, eine Schihütte zu bauen. Traumhaft schön sollte sie sein und das wurde sie auch. Und weil man bisher äußerst erfolgreich gewesen war – zumindest als Architekt –, sah man auch keinen Grund, warum nicht auch die Schihütte ein Bombengeschäft werden sollte. Weil man diesen prognostizierten Erfolg nicht unbedingt teilen wollte, entschloss man sich, die Hütte auch gleich selbst zu führen.

Tatsächlich lief das erste Wintergeschäft in der Hütte sensationell an. Allerdings verlangte das große Geschick und immensen Aufwand bei Mitarbeiterführung und Personaleinsatz. Denn an manchen Tagen schien die Sonne halt nicht so schön, oder es lag doch etwas zu wenig Schnee oder es pfiff der Wind ein wenig zu heftig. Da hieß es umdisponieren, Mitarbeiter kurzfristig abbauen oder einstellen. Ja, flexible

* Name geändert

Mitarbeiterorganisation auf 1.500 Meter Seehöhe zu betreiben ist eine unternehmerische Herausforderung der Extraklasse! Um der immer problematischeren Personalsituation Herr zu werden, schmiedeten der Architekt und seine Führungskräfte einen Plan: Man hauchte einem zweiten, zuvor sanft entschlummerten Gastronomiebetrieb im Tal wieder Leben ein, um so eine bessere Personalplanung und -auslastung zu gewährleisten. „Minus mal minus ergibt Plus" – in der Mathematik funktioniert das ja auch so.

Doch dann kam der Sommer. Mit vielen Regentagen und unwirtlichen Wetterverhältnissen. „Es gibt kein schlechtes Wetter, nur schlechte Bekleidung!" – Ja, wir kennen den Spruch. Aber sagen Sie das mal einem Hüttenwirt, der mit seinem nicht gerade billigen Team in seinen wunderschönen Betrieben sitzt und seit Stunden auf die ersten Gäste wartet! Umsatzeinbußen folgten, die man abfedern wollte, und zwar mit einem – Tatatataaaa! – zusätzlichen Betrieb: das Mini-Imperium wurde um einen Ausflugsgasthof erweitert. Doch auch hier ging die Rechnung nicht auf, die Spirale drehte sich unaufhaltsam nach unten.

Mittlerweile ist der ehemals so erfolgreiche Architekt in Konkurs gegangen. Der Ausflug in den „Traumberuf Wirt" hat ihn nicht nur seine drei Gastronomiebetriebe gekostet, sondern auch das Planungsbüro. Und heute? Arbeitet er als Angestellter in seinem ehemaligen Betrieb.

Diese Liste der Möchtegern-Wirte könnte man unendlich weiterschreiben. Die bekannteste Gruppe der Gastronomie-Gescheiterten ist wohl jene um „Rocky" Sylvester Stallone und „Terminator" Arnold Schwarzenegger. Die beiden haben ein Vermögen in die Restaurantkette „Planet Hollywood" gesteckt und sind damit baden gegangen. Und gemeinsam mit ihnen so bekannte Kollegen wie Demi Moore, Bruce Willis und Jackie Chan. Die Gastronomie ist in ihrer Dynamik und mit ihren Unabwägbarkeiten eben mit kaum einem anderen Gewerbe vergleichbar. Auch folgt sie nicht immer ökonomisch erklärbaren Grundregeln. Wenn man von „außen" einen Blick auf diese Branche wirft, mag der Gedanke „schnell mal Wirt zu werden" verlockend erscheinen. Wer genauer hinsieht, muss aber bald erkennen, dass er sich auf ein gefährliches Abenteuer eingelassen hat. Darum, liebe Möchtegern-Wirte, eine Warnung: Plant Häuser, rettet die Welt vor Außerirdischen, stellt euch allein gegen ganze Armeen – aber überlegt euch das mit der Gastronomie ganz genau!

Stressweltmeister Kellner

Viele von uns wussten es schon immer, kürzlich wurde es auch durch eine Studie* bestätigt: Kellner haben den stressigsten Job der Welt. Sogar stressiger als Ärzte. Für jeden Gastro-Mitarbeiter, der täglich im Auge des Tornados steht, kein Geheimnis, sondern Alltag. Bei der Studie wurden die diversen Arbeitswelten in vier Kategorien aufgeteilt, in jeder Kategorie wurde ein „Sieger" gekürt. In der Sparte „Jobs mit hohem Stressfaktor" holten sich Kellner und Krankenpfleger souverän Platz eins. Das passt ganz gut, denn viele Kellner sind in der Tat auch „Krankenpfleger" – oder besser gesagt Seelenstreichler. Ob man sich über eine solche Auszeichnung freuen soll oder ob diese Tatsache eher viele abschreckt, in der Gastronomie Fuß zu fassen, sei mal dahingestellt.

Viel Stress bedeutet natürlich auch ein höheres Gesundheitsrisiko. Zudem kommen im Kellnerberuf gleich zwei Stress-Risikofaktoren zusammen: die hohe berufliche Belastung einerseits und die oft niedrige Bezahlung auf der anderen Seite. Gestresste Menschen achten auch generell weniger auf ihren Körper, ihre Ernährung und somit auf ihre Gesundheit. Na ja – und mit dem Thema Rauchen und Alkohol ist man als Kellner ja ohnehin ständig in Kontakt. Der Teufelskreis ist perfekt.

Die besagte Studie kam daher zum Schluss, dass in diesem Job die Gefahr eines Herzinfarkts oder Schlaganfalls um 50 Prozent höher liegt als in anderen Berufen. Die Studie legt auch nahe, dass eine zu geringe Wertschätzung – wie sie viele Kellner von

* Quelle: „Most stressful Jobs" – Studie der „Southern Medical University" Guongzhou, China. 17 Jahre lang wurden Daten von über 136.000 Menschen gesammelt. Der überaus große Beobachtungszeitraum und die große Anzahl an Probanden sprechen für die Aussagekraft der Studie.

vielen Seiten erfahren, stresssteigernd wirkt und die Negativspirale erst so richtig ankurbelt. Auch die Abend- und Wochenend-Arbeitszeiten tragen das ihre dazu bei. Umgekehrt können Ärzte und Lehrer, die ebenfalls oft unter starkem mentalen Druck und Stress stehen, die Situation besser kontrollieren und ertragen. Dort sind sowohl Ansehen als auch Anerkennung um ein Vielfaches höher, was als ausgleichendes Ventil wirkt. (In der Rubrik „Geringster Stressfaktor" gewannen übrigens Wissenschaftler und Architekten, der Titel „Passivste Jobs" ging an die Handwerker, während Ärzte und Lehrer zu den „Aktivsten Jobs" gekürt wurden.)

Die Studie präsentiert aber auch Lösungsansätze. So können positive Veränderungen in der Struktur des Jobs das Stressrisiko verringern. Als eine mögliche Maßnahme wird etwa genannt: den Mitarbeitern mehr Kontrolle über ihren Arbeitsbereich geben. Im Konkreten: höhere Verantwortung, mehr Vertrauen und ein Mehr an Flexibilität bei der Planung der Schichten. Eine ganz wichtige Erkenntnis der Studie: höhere soziale Anerkennung und Wertschätzung verringert das gesundheitliche Risiko stark und nachhaltig. Das gilt natürlich nicht nur für die Gäste, auch die Vorgesetzten sollten nicht nur vom Mitarbeiter als „wichtigstes Kapital" reden, sondern in der Praxis auch so handeln.

Vereinfacht ausgedrückt, liebe Chefs: Den Wert eines guten und engagierten Mitarbeiters kannst du gar nicht hoch genug einschätzen!

Es lebe der Genuss!

„Der Besuch eines österreichischen Wirtshauses kann Ihre Gesundheit gefährden!"

So oder so ähnlich wird man es wohl bald auf Schildern vor unseren Gasthäusern und Restaurants lesen. Absender: Brüssel. Der kürzlich vorgeschriebene und jetzt wieder hinterfragte, auf jeden Fall weitestgehend sinnbefreite Allergene-Wahnsinn auf unseren Speisekarten ist ein aufsehenerregender Auswuchs dieser Verordnungsmanie, aber nur eines von vielen Beispielen.

Es scheint in diesen Jahren zum Lieblingssport von Europa-, Bundes- und Regionalpolitikern geworden zu sein, Gastronomen und Wirte mit Verordnungen zu beglücken und so ganz nebenbei durch Strafen bei Nichteinhaltung weiteres Körberlgeld zu lukrieren. Oder mittels baulicher Maßnahmen, die durch diese Verordnungen erst notwendig wurden. (Stichwort: Nichtraucherschutzgesetz). Was vielleicht die heimische Bauwirtschaft ankurbelt, aber die Wirte umbringt.

Unsere Politik macht sich derzeit mit einem noch nie da gewesenen, moralisch unterfütterten Missionierungsgeist an die Bevormundung der Bürger. Und lenkt damit von den wirklichen Problemen Europas – Terror, Migration, Umweltschäden, Energieversorgung etc. – ab. Dafür wirft man sich mit großem Sendungsbewusstsein auf Dinge, die unsere kleinen täglichen Freiheiten einschränken und die Toleranzschwelle nach oben heben: Kein Bier mehr im Park,

Alkoholverbot auf den Straßen, totales Rauchverbot, Milch ist schädlich, zu viele Eier auch, Schweinsbraten ist ungesund, am besten nur vegan essen, bio und ökologisch sowieso, Sperrstunde, Reglementierung der Öffnungszeiten, Arbeitszeit-Verordnungen, Pausenregelung für Mitarbeiter … fast manisch ist man im Auftrag der Gesundheit unterwegs. Immerhin ginge es ja um unser Leben. Aber was soll das für ein Leben sein? Ist es wirklich oberstes Ziel, den 100. Geburtstag zu feiern im Kreise von Bezirkshauptmann, Bürgermeister und ein paar hoffnungsvollen Erben? Schön, wenn wir das schaffen, es kann aber doch nicht nur um Lebens-QUANTITÄT gehen, Lebens-QUALITÄT hat doch einen höheren Stellenwert. Denn was nützt alles, wenn wir bei alldem die Lust und Freude am Leben, am gemeinsamen Genuss als wesentlichen Teil unserer heimischen Kultur verlieren? Ich plädiere deshalb in dieser Sache für Selbstverantwortung. Die lebe ich täglich und die lasse ich mir auch nicht nehmen – in keinem Lebensbereich. In diesem Sinne: Mahlzeit und Prost!

Die Geister, die man rief

Es ist noch gar nicht so lange her, da galten Wirte neben Bürgermeister, Dorfpfarrer und Polizeichef zu den angesehenen Persönlichkeiten im Ort. In den letzten Jahren hat sich dieses Bild komplett gewandelt. Geistliche schlagen sich mit der Konkurrenz aus anderen religiösen Lagern herum und leiden an ähnlichen Nachwuchsproblemen wie Wirte, tüchtige Menschen, die sich als Bürgermeister für das Wohl der Allgemeinheit einsetzen wollen, findet man kaum mehr, und Polizeichefs müssen sich ebenso wie Gastronomen mehr mit bürokratischen Verordnungen und Formularen als mit ihrer eigentlichen Arbeit auseinandersetzen. Hilfe in dieser verzwickten Situation verspricht da nur mehr die Inanspruchnahme eines „Facharztes" für wirtschaftliche Probleme – ein Gastro-Unternehmensberater!

„Gebildet ist, wer weiß, wo er findet, was er nicht weiß!", sagte ich zu mir und wandte mich an einen Vertreter dieses Fachs, als ich damals 1996 mein erstes eigenes Lokal – das „Josef" – eröffnen wollte. Als Koch fühlte ich mich zwar erfahren und einfallsreich genug, um ohne fremde Hilfe auszukommen. Auch die Werbetrommel konnte ich sehr gut selbst für mein Lokal rühren, da kam mir immer schon ein gewisses Naturtalent in Sachen Vermarktung zugute. Was jedoch meinen Umgang mit Banken und Behörden angeht ... da muss ich zugeben ... bin ich in manchen Situationen – sagen wir ab und zu ein wenig ... „undiplomatisch"! Ein Manko, das mir schon früh bewusst war. Deshalb konsultierte ich bereits bei den ersten

Gedanken an Selbstständigkeit einen Gastro-Unternehmensberater. „Lieber gleich ordentlich mit professioneller Unterstützung loslegen, als nachher den Schaden haben", dachte ich. Und zwar zu einer Zeit, in der es noch ein absolutes Novum für einen Wirt war, sich dieses Berufsstandes zu bedienen.

Gehörte ich in dieser Hinsicht zu Beginn meiner gastronomischen Selbstständigkeit noch zu den Erstkunden, entwickelten sich mit der Zeit die Geschäfte der Unternehmensberater prächtig. Diese – meistens männlichen – Sprösslinge aus Gastronomiefamilien, die die Übernahme des elterlichen Betriebes verweigert hatten, waren zu einer gastronomischen „SOKO"-Einheit geworden, ohne die anscheinend gar nichts mehr ging. Grundsätzlich einleuchtend: Das – oftmals – fehlende Wissen über die Führung eines Unternehmens muss ja irgendwoher kommen – in diesem Fall eben von einem hoch bezahlten Spezialisten namens Unternehmensberater. Die Hoffnung der jungen, nach oben strebenden Gastronomen, wie ich einer war: Mein Gastro-Unternehmensberater weiß weiter – ob bei Kreditverhandlungen mit der Bank, ob als Führer durch den österreichischen Förderdschungel, ob bei langwierigen Rabattverhandlungen mit Brauereien und anderen Lieferanten, ob bei der Suche nach Ideen und neuen Konzepten, die mir damals noch fehlten.

Und wirklich – ich habe diesen „guten Geistern" einiges zu verdanken: Bankgespräche, Verhandlungen mit Brauereien und Architekten … in diesen Situationen war ich immer froh, auf die Dienste und Erfahrungen von Beratern zurückgreifen zu können. Ich besann mich auf meine Stärken und ließ meine schwachen Seiten von anderen abdecken. Dank dieser „Arbeitsteilung" legte ich einen recht erfolgreichen Start mit meinem „Josef" hin. Und weil ich mir als junger Durchstarter die Beratungshonorare nicht immer leisten konnte, kamen wir auf eine andere Idee: Ich fungierte als „Testimonial" und zog durchs Land, um andere Wirte von der Wichtigkeit einer seriösen Beratung zu überzeugen. Auf diesem Wege zahlte ich die in Anspruch genommenen Leistungen zurück. Bald besaß ich sogar eigene Visitenkarten, die mich ebenfalls als Berater auswiesen. Irgendwie war ich sogar stolz, auch zu dieser Spezies zu gehören. Es herrschte eine wahre Goldgräberstimmung in der Branche, Gastroberater zu sein lohnte sich. Vor allem für den, der wusste, wie man an die fett gefüllten staatlichen Fördertöpfe herankam.

Erst langsam erkannte ich, dass hier nicht Flaschengeister am Werk sind, die ihrem „Herrn" einen Wunsch nach dem anderen erfüllen und für das Wohlergehen der Gastronomie kämpfen, sondern im besten Fall Impulsgeber. Die harte Umsetzungsarbeit, die Konsequenzen jeder Maßnahme, die letztliche Verantwortung – all das landet immer bei ein und derselben Person: bei dir selbst. Einer dieser Spezialisten brachte das auf den Punkt, als er zu mir meinte: „Ich kann dich nur ein Stück deines beruflichen Weges begleiten. Wenn du etwas erreichen willst, dann liegt es zum großen Teil an dir selbst, ob das auch gelingt." Klingt gut. Er hätte aber auch sagen können: „Du bist für meine Ideen verantwortlich."

Was ich damals wie heute bei manchem sogenannten „Experten" vermisse, ist der Weitblick. Zum Beispiel, dass sich so ein Berater auch Gedanken über zukünftige finanzielle Belastungen und bürokratische Auflagen macht. Denn genau das sind die Dinge, die jedem noch so engagierten Wirt nach anfänglichen tollen Erfolgen quasi „von hinten" das Genick brechen können. Ich träume davon, dass eines Tages aus einem Unternehmensberater ein Unternehmensentwickler wird, der bürokratischen Kleinkram selbstständig, eigenverantwortlich und umsichtig erledigt, dabei aber gleichzeitig vorsorgend kalkuliert, dass so ein Unternehmensentwickler Trends erkennt, neue Produkte und technische Errungenschaften auf Herz und Nieren prüft, gleichzeitig aber auch auf Gefahren und Hürden vorbereitet ist. Denn nur dann hat der Wirt Kopf und Hände frei, um sich seinen Stärken und ursprünglichen Aufgaben zu widmen: dem Gast das Gefühl zu geben, dass er hier in diesem Wirtshaus wirklich zu Hause und willkommen ist.

So einen Unternehmensentwickler hatte ich damals natürlich nicht. Also legte ich mir meine eigene Strategie zu: „Am Beispiel anderer lernen." Ich reiste selbst in die größten Städte der Welt und versuchte so, mir einen permanenten gastronomischen Vorsprung zu verschaffen. Ich besuchte die angesehensten und berühmtesten Restaurants und Bars, immer auf der Suche nach neuen Gastronomiekonzepten und Ideen, die vielleicht auch bei uns umsetzbar wären. Und es funktionierte. Das merkte ich nicht nur an den zufriedenen Gästen und steigenden Umsätzen, ich sah es auch daran, dass nach und nach immer mehr Gastro-Unternehmensberater mit ihren Kunden ins „Josef" kamen. Oft sogar mit Architekt und Baumeister im Schlepptau, um an Ort und Stelle ihre Konzepte an unseres anzupassen. Ich stand da – oft unbeobachtet – im Eck, schmunzelte und war auch ein bisschen stolz. Auch ich war ursprünglich so vorgegangen, hatte Gastronomiebetriebe von Las Vegas über New York, Miami, London bis Dubai besucht, um in die Stuben und Töpfe meiner großen Vorbilder zu schauen.

Heute, wo die klassische Gastronomie dank zweifelhafter Wirtschaftspolitik und aller anderer Probleme der Branche mit Schwierigkeiten kämpft, ist es auch um die Spezies der Gastronomieberater auffallend ruhig geworden. Vielleicht haben sie ja auch den Beruf gewechselt, wie gleich drei meiner ehemaligen Unternehmensberater in Linz. Unter dem Motto „Angriff ist die beste Verteidigung" haben die sich in die Höhle des Löwen gestürzt und gleich sechs Gastronomiebetriebe in unmittelbarer Umgebung meines „Josef" installiert. Als direkte Konkurrenten ihres ehemaligen Kunden, den sie im Rahmen ihrer Beratertätigkeit natürlich in- und auswendig kennengelernt haben. Ihr gutes Recht, klar, aber aus meiner Sicht nicht ganz fair. Die Herren machen jetzt mit jenen Ideen, die sie uns Gastronomen vorher teuer verkauft haben, selber Geschäfte. Und zwar wieder auf unsere Kosten. Wir fischen im selben Teich, fighten um die besten Mitarbeiter, umwerben die selben Kunden und versuchen, so nah wie möglich am Gastro-Trend der Zeit zu sein.

Ich frage mich nur: Wird der Herr Unternehmensberater, der plötzlich zum Wirt wurde, nicht die gleichen Probleme haben, wie ich sie als junger Wirt hatte? Nur mit umgekehrten Vorzeichen? So wie eben einem echten Gastronomen bei der Unternehmensführung oft das Know-how fehlt, hapert's da nicht auch bei so manchem Neueinsteiger aus der Unternehmerbranche am Spirit, ein Lokal mit Herz und Seele zu führen? Das sieht mir dann doch sehr nach einem baldigen Sterben der Neo-Wirte aus. Außer, ja, außer sie holen sich schleunigst einen „Unternehmensberater" ins Haus, der dieses Manko abdeckt. Einen Wirt zum Beispiel.

Aug' in Aug' mit 700 Viehzüchtern

Es war vor rund 30 Jahren: Die beiden Herren, die da den weiten Weg aus Wien auf sich genommen hatten, um mich – den jungen, aufmüpfigen Koch aus Linz – zu besuchen, hatten noch eine – sagen wir – bemerkenswerte Karriere vor sich. Aber die kam erst viel später. Damals waren die zwei noch einfache Sekretäre von Josef Riegler, Österreichs Landwirtschaftsminister Ende der 1980er-Jahre. Der hatte sie geschickt, um diesem Günter Hager die Leviten zu lesen. Welcher „Schandtat" wurde ich bezichtigt, dass man gleich mit so schweren Geschützen auffuhr?

Ich war am Beginn meiner Karriere, hatte erste Erfolge zu verzeichnen und schickte mich damals mit meinem Lokal „Allegro" an, zum ersten Haubenkoch von Linz zu werden. Die Wirtschaftskammer Österreich hatte mich eingeladen, bei den österreichischen Wochen in Hongkong als Teil der österreichischen Delegation aufzukochen. Eine großartige Sache für mich, schon in jungen Jahren einen Abstecher in die internationale Gastronomie unternehmen zu dürfen! Trotz aller Ehre: Als ich erlebte, dass es unmöglich war, für den geplanten Tafelspitz erstklassiges Fleisch aus Österreich zu erhalten und wir stattdessen zu Fleisch aus Australien greifen mussten, platzte mir der Kragen.

Zurück in Österreich begann ich, die Medien auf die katastrophale Qualität der heimischen Produkte aufmerksam zu machen. Wohlgemerkt: Dies geschah vor rund 30 Jahren, also zu einer Zeit, in der der Trend zur regionalen Küche von Österreich ungefähr noch so weit entfernt war wie die Erde von Pluto! Und wie reagierten die Großen und Mächtigen dieses Landes? Interessiert? Willig, sich auf diese Kritik einzulassen und mögliche Änderungen herbeizuführen? Schmeck's, schließlich sind wir in Österreich! Stattdessen begann man die für Österreich so typische Maschinerie in Gang zu setzen: Im Auftrag von Innungen, Kammern, Industrie und was-weiß-ich-noch weiteren Institutionen versuchte man, mich jungen, engagierten Koch mundtot zu machen. Wie? Zum Beispiel, indem mir der Landwirtschaftsminister zwei seiner Sekretäre ins Haus schickte, die mit dem Kochlöffel-Rebellen Klartext sprechen und ihn auf den rechten „Nur-net-anecken"-Weg zurückführen sollten.

Sie hatten sich umsonst nach Linz bemüht. Ich kämpfte weiter für die Qualität der heimischen landwirtschaftlichen Produkte, legte mich weiter mit den Großen und Mächtigen unseres Landes an. Ich verstehe es nämlich bis heute nicht, warum man Steakfleisch über tausende Kilometer nach Österreich importieren muss, wenn wir doch alle Voraussetzungen für gutes Fleisch direkt vor unserer Haustüre haben. Ich will nicht einfach kritiklos akzeptieren, dass alles so ist, wie es ist, und Wünsche nach Änderung des Status quo oft als Majestätsbeleidigung gelten.

Heute, 30 Jahre später, hat sich das Blatt längst gewendet. Österreichische Produkte – ob Fleisch, Bier, Wein oder Brot – sind im eigenen Land und im „Rest der Welt" gefragt. Und wie nicht anders zu erwarten: Landwirtschaftsminister, Innungen und

Kammern überschlagen sich nun in Lobpreisungen der „Lebensmittel made in Austria" und tun so, als ob sie's schon immer gewusst hätten.

Na ja, der Erfolg hat viele Väter. Fakt ist: Engagierte Gastronomen haben einen großen Anteil daran, dass mittlerweile in der Gastronomie und auch bei Konsumenten wieder Produkte von regionalen Landwirten und lokalen Produzenten Vorrang haben. Und das ist gut so.

Wollen Sie noch die Namen der beiden Ministersekretäre wissen, die damals bei mir zu Besuch waren? Wilhelm Molterer* und Ernst Strasser**! Die beiden Herren – das muss ich der Vollständigkeit halber erwähnen – luden mich übrigens einige Wochen nach ihrem Auftritt in Linz nach Wien ein. Ich sollte im Auditorium maximum der Universität Wien vor 700 Viehzüchtern meine Gedanken zur österreichischen Fleischqualität vortragen! Ein junger Haubenkoch, der 700 g'standenen Fleischproduzenten seine Meinung sagt – na, das konnte was werden! So aufgeregt wie damals im Audimax war ich wohl nie wieder. Aber ich zog die Sache durch und hielt mein Plädoyer für regionale Top-Produkte. Dass ich zuletzt „Standing Ovations" erntete, war für mich eines meiner absoluten Lebens-Highlights und die Bestätigung, dass ich mit dem Qualitäts- und Regionalitätsdenken richtiglag. Und wer heute „AMA" & Co. als Selbstverständlichkeit sieht, sollte wissen, dass es Wirte und Köche waren, die den Boden für dieses breite Bewusstsein aufbereitet haben.

---

* Wilhelm Molterer, ÖVP-Politiker, ehemaliger Vizekanzler und Bundesminister für Finanzen
** Ernst Strasser, ehem. ÖVP-Politiker, ehem. Bundesminister für Inneres, ehem. ÖVP-Delegationsleiter im EU-Parlament

Wie wär's mit Erziehung?

Verlockend süße und damit harmlos wirkende Alkohol-Mischgetränke – sogenannte Alkopops – wurden zum Schutz unserer Jugend aus dem heimischen Markt und somit auch aus der Gastronomie verbannt. Das ist richtig und gut so. Jugendschutzbeauftragte, Behörden und sensationssüchtige Medienvertreter ziehen nun los und überprüfen streng, ob diese – durchaus notwendigen – Maßnahmen zum Schutz unserer Jugend von den Gastronomen, Trafikanten, Supermarkt- und Tankstellenangestellten des Landes auch wirklich eingehalten werden. Wie ein ewiges Ritual österreichischer Symptome-Politik wurde auch hier die Systematik „Gesetze beschließen und streng kontrollieren" zum Einsatz gebracht.

Gut und schön, aber – bringt das auch gewünschte Ergebnisse? Betrachtet man die aktuelle Suchtstatistik, muss man feststellen: Nein! Österreich ist beim Rauchen und beim Alkoholgenuss weiterhin auf Weltmeister-Kurs. Wenn man Verbote und andauernde Kontrollen von Gastronomen und Co. als die einzigen Rezepte gegen Fehlentwicklungen sieht, ist der Misserfolg vorprogrammiert. Denn die Ursachen liegen ganz woanders: in den Versäumnissen einer seit Jahrzehnten falsch laufenden Jugend-Politik, die den Kids vorwiegend Freiheit ohne Grenzen und Rechte ohne Pflichten vorgaukelt. Ich sage: Mehr Grenzen und Pflichten für die Jugend, bei aller Freiheit und allen Rechten! Klingt vielleicht für Pubertierende und so manchen Politiker unpopulär, es geht hier aber auch nicht darum, Beliebtheitswettbewerbe zu gewinnen, sondern um die Zukunft unserer Gesellschaft. Und es muss erlaubt sein, die Ursachen für Fehlentwicklungen der Jugend auch bei den Eltern festzumachen. Selbst wenn es natürlich angenehmer ist, die Schuldigen stets woanders zu orten. Hier wären ein Bekenntnis zum guten alten Begriff „Erziehung" und die dazugehörige Eigenverantwortung dringend angeraten. Solange man sich nicht offen diesen Dingen widmet und stattdessen nur Jugendschutzgesetze im Monatsrhythmus verschärft, wird sich an der Situation wohl kaum etwas ändern.

Tu felix Austria?

Ich war einer Einladung des Dalai-Lama zur Eröffnung eines tibetischen Tempels in Nordindien gefolgt. Zwei Wochen lang durfte ich in einem Bergkloster die einfache, aber herzliche Gastfreundschaft der Mönche genießen. Ob beim Frühstück im Kloster, bei der Teepause mit tibetischen Kindern im Waisenhaus, dem Mittagessen in den Schulklassen oder bei den indischen Bergbauern – stets waren die Zusammenkünfte erfüllt von Dankbarkeit, Freude und Fröhlichkeit.

Dann die Heimreise: Grimmig dreinblickende Zöllner am Wiener Flughafen als erste peinliche Visitenkarte unseres angeblich so erfolgreichen Tourismuslandes. Meine Stimmung pendelte sich im Nu auf österreichische Verhältnisse ein. Dann, Zeitungen durchgeblättert. Lauter Probleme von der Bedeutungsschwere eines mittleren Gelsenstichs: der Benzinpreis steigt, es wird über die Bankomatsteuer gestritten, das Bier wurde um zehn Cent teurer. Wieder etwas später, an meinem Computer: Aufarbeiten von 250 Mails. Ein Gast beschwert sich über einen Kellner, der sich seinerseits beim Gast beschwert hätte. Nämlich über den Umstand, dass er – der Kellner – jetzt schon das vierte (kostenlose) Glas Leitungswasser servieren müsse und ihm das „null Umsatz und nur Arbeit" bringe. Unter den Mails auch die seitenlange Stellungnahme eines Vereins, der spätabends eine Sitzung in meinem Lokal „Josef" abgehalten hatte. Die nächtens servierten Salzstangerln wären nicht mehr backofenfrisch gewesen …

Ich lehne mich zurück, schließe die Augen und sehe meine tibetischen Freunde vor mir. Menschen, die aus ihrer Heimat flohen, um in einer neuen, besseren Welt ein bescheidenes Leben zu führen und ihre Kultur zu pflegen. Von unseren Bankomatsteuern, Wassergläsern und „zähen" Salzstangerln werde ich ihnen niemals erzählen. Sie würden nämlich nur verständnislos den Kopf schütteln und ich würde mich etwas schämen für mein Land, in dem die Menschen ihr Glück oft nicht mehr sehen können. Tu felix Austria! Tu felix Austria?

Hey, Las Vegas!

Routine, Erfahrung, Menschenkenntnis, das alles eignet man sich durch die tägliche Arbeit vor Ort an. Als Wirt aus ganzem Herzen gehe ich deshalb auch ständig ins Herz meines Betriebes: in die Küche, an die Schank, zu den Gästen.

Aber: Inspiration, Impulse und frische Ideen holt man sich woanders. Denn neben dieser „Nähe" braucht es auch Abstand, den Blick „von außen". Und den kann man nur einnehmen, wenn man sich umschaut in der Welt. Genau das habe ich zeit meines Berufslebens gemacht. Nur so konnte ich mich immer wieder neuen Herausforderungen stellen, Trends erkennen und mich letztlich 45 Jahre lang in der Gastronomie behaupten.

Las Vegas, Dubai, New York, London ... ich reiste in die Gastro-Hauptstädte der Welt, um zu sehen und zu lernen. So war es zum Beispiel das legendäre Las Vegas, wo ich die „Mutter" meines ersten Erfolgslokals entdeckte. Staunend stand ich damals, vor rund 30 Jahren, in der Wüste Nevadas. Um mich herum ein riesiges, im Stile einer alten Fabrik eingerichtetes Lokal mit Tonnen von rostigem Stahl. „Wow! Das ist genau das, was ich auch in Linz haben will!", dachte ich und nahm diese Inspiration mit nach Hause. Zwei Jahre später wurde aus diesem besonderen Moment eine 2-Millionen-Euro-Investition und schließlich das „Stadtbräu Josef", immerhin mittlerweile rund 15 Jahre Gastro-Erfolgsgeschichte.

Weil ich dieses Wunderding in Las Vegas genau studieren und mir möglichst viel von diesem Wissen aneignen wollte, brach ich damals gleich noch mal nach Nevada auf. Diesmal aber in Begleitung von Architekten und Unternehmensberatern, die das Konzept mit mir zu Hause in Linz umsetzen sollten. Und auch ein drittes Mal steuerte ich Las Vegas an, diesmal gemeinsam mit 15 meiner Mitarbeiter. Sie alle sollten den Spirit dieses großartigen Lokals am eigenen Leib verspüren und ihn mit ins „Josef" nehmen.

Doch es wäre nicht Österreich, hätten Behörden und Gesetze nicht auch hier alles versucht, die Euphorie eines Unternehmers zu bremsen: Niemals ist es mir gelungen, die Kosten für diese oder ähnliche Reisen als Ausgaben für Weiterbildung von meiner ohnehin enormen Steuerleistung abzuziehen. Jeder Steuerprüfer hätte nur einen Blick auf meine Fotos aus Las Vegas oder auf die Speisekarten von ebendort werfen müssen, um zu erkennen, aus welcher Inspirationsquelle das „Josef" entstanden war. Aber niemanden interessierte das. Das immer wiederkehrende Argument der behördlichen Bremser wurde durch oftmaliges Wiederholen auch nicht plausibler: Es wäre ja doch möglich, dass ich mich in der Stadt der Spieler amüsiert hätte, und das wäre bestimmt keine steuerliche Unterstützung wert. Außerdem: Würde man meine Steuerabschreibung akzeptieren, könnte ja ein jeder Wirt in die Welt hinausfahren, solche Konzepte studieren und sie dann als Weiterbildung ... – Ich weiß nicht, welche „Schreckensvorstellungen" den Beamten bei diesen Gedanken vorschwebten. Vielleicht ein Heer von inspirierten, reisefreudigen Gastronomen, die internationale Erfolgsmodelle studieren, in ihrer Heimat umsetzen und damit für wirtschaftliche Erfolge und zufriedene Gäste sorgen? Keine Ahnung, ich kann mich beim besten – oder beim schlechtesten? – Willen nicht in die Köpfe dieser Herren hineinversetzen. Auf jeden Fall zahlte ich jeden Cent für diese Reisen aus der eigenen Tasche. Natürlich auch jene Kosten, die für Mitarbeiter, Architekten und so weiter anfielen. Und nicht einen einzigen Cent davon wollten mir die Finanzprüfer steuerschonend anerkennen.

Es ist ein kurzer Weg von der Inspiration zur Resignation, wenn man als begeisterter Gastro-Weltreisender wieder in der österreichischen Steuer-Realität gelandet ist.

„Grabrede" eines Wirts

Sehr geehrter Herr Minister Mitterlehner!

Im Gegensatz zu meinen tausenden enttäuschten Gastrokollegen finde ich Ihre Entscheidung, vorwiegend bei unseren „kleinen“ Kollegen noch mal so richtig abzukassieren, absolut richtig! Weg mit den kleinen Familienwirtshäusern am Lande! Es ist an der Zeit, noch mehr Vereinslokale und örtliche Kultureinrichtungen mit öffentlichen Geldern zu finanzieren; es gefällt mir, durch leere, ausgestorbene Dörfer zu fahren und Hunger und Durst an Tankstellen zu stillen. Weg mit den Schutzhüttenbetreibern in den Bergen, die Bergsteiger sollen sich ihr eigenes Essen, Getränk und Zelt mitnehmen und den Müll da selbst runtertragen. Weg mit den vielen kleinen Pubs in den Wohnsiedlungen, die Ausländer-Gangs sollen sich selbst mit Billigspirituosen auf der Straße versorgen, sie sind da auch besser zu kontrollieren! Bitte noch mehr Verbote, die Beamtenschaft braucht neue Mitarbeiter und mehr Arbeit, ja keinen Beamtenabbau, sonst haben wir noch mehr Arbeitslose, in der Gastronomie wird sich da ja wohl aufgrund der Bürokratie sicher keiner bewerben!

Von wegen Registrierkassenpflicht, wir Großbetriebe haben die ja schon seit Jahren, die „kleinen“ Kollegen werden unter dem Aufwand pleitegehen und deren letzte Gäste müssen dann zu uns wechseln, großartige Strategie. :-) Her mit dem neuen Rauchverbot, unsere Lieferanten freuen sich, wieder mal umbauen zu dürfen, die schon 70% rauchfreien Fast-Food- und Systembetriebe mit ihrem vorwiegend international gleichschmeckenden Junk Food freuen sich, noch mehr Gäste abfüttern zu können. Auch unsere Landwirte, Biobauern und Winzer sind begeistert und freuen sich, dass sie in Zukunft noch mehr Förderungen aufgrund rückgehender Umsätze bekommen werden, sie bereiten das Abkommen mit den USA für Lebensmittelimport perfekt vor.

Endlich können die Pensionisten und die alleinstehenden alten Menschen – die den ganzen Tag bei einem Bier (mehr können sie sich ohnedies nicht mehr leisten) in unseren Wirtshäusern sitzen und versuchen, ein wenig Kontakt zu Menschen zu haben – wieder zurück in ihre 1-Zimmer-Wohnungen und das schlechte Fernsehprogramm genießen.

Endlich können wir Wirte uns auch am Wochenende ausrasten, uns unseren Familien widmen, endlich haben wir Zeit für unsere Kinder und Nachbarn …

Endlich müssen wir keine sinnlosen Allergene mehr ausweisen, der Gast wird wieder lernen müssen, Selbstverantwortung zu übernehmen.

Ach ja, vielleicht könnten Sie dann noch ein gutes Wort für so manche pleitegegangene Kollegen einlegen, dass sie auch einen so erfolgversprechenden Job wie unsere gekündigte Briefträgerin bei der Finanzpolizei bekommen? Wie man in den Medien liest, könnten so manche Wirte aufgrund jahrelanger Tätigkeit als Verbrecher und Betrüger noch einiges an Erfahrung zum Erfolg Ihrer Steuerreform beitragen.

Die politische Vernichtung der heimischen Gastronomie ist fast abgeschlossen! Bleibt die Frage, wo sich die

Politiker nach der verlorenen Wahl betrinken werden. In der parteieigenen Kantine vielleicht, Wirtshäuser wird es keine mehr geben!

Walter Naderer, Politiker (NÖ)

Hochleistungssport Weihnachtsfeier

Kurzer Einblick in den ganz normalen Wahnsinn, den wir in den Wochen vor dem großen Ansturm der Firmenweihnachtsfeiern erleben dürfen:

Anruf im „Josef", meinem Lokal. Am Apparat die sehr selbstbewusst klingende, nicht auf Widerspruch konditionierte Sekretärin eines kleinen Unternehmens. Sie wäre mit der Organisation einer Weihnachtsfeier für ihre 20 Arbeitskollegen betraut. Einer „ganz besonderen Weihnachtsfeier", wie sie betont, wohl um mir die Bedeutung ihrer Reservierung klarzumachen. Man wünsche: vier achtgängige Menüs, aus denen die 20 Feiernden wählen würden. Wie die Wahl ausfällt, werde man dem Wirt dankenswerterweise kurz vor der Feier bekannt geben, man wolle dem Personal ja entgegenkommen.

Für unseren Koch bedeutete diese Ankündigung: 32 verschiedene Gerichte zubereiten, dazu Beilagen, Garnituren und Saucen, die sonstigen Extrawünsche der Gruppe sowie die speziellen Anforderungen etwaiger Vegetarier oder Allergiker gar nicht mitgerechnet. Ja, und nicht zu vergessen die ebenfalls „ganz besonderen Weihnachtsfeiern" der restlichen rund 480 Gäste im „Josef" mit ihren Menüanforderungen und Extrawünschen.

Blitzschnell ließ ich mir die Anfrage der Dame mit all ihren Konsequenzen durch den Kopf gehen: Geht man von jeweils einer Gabel und einem Messer pro Menü aus, sind das 16 Bestecke, macht 230 Bestecke bei 20 Festgästen. Dazu mindestens zwei Gläser Wein pro Person plus je ein Glas für das Wasser und für den Aperitif. Ganz schön ordentlicher Abwasch! Rechnet man jetzt noch die Teller, Servietten, die Tischtücher, Brotkörbe und die Dekoration dazu, ergibt das rund 800 Teile, die für diese „ganz besondere Weihnachtsfeier" auf dem Tisch landen sollten. Für 20 Personen, wohlgemerkt!

Ich grübelte noch, aber Frau Sekretärin setzte eins drauf und nahm mir so die Entscheidung ab: Jeder Teilnehmer der Firmenweihnachtsfeier hätte ein vorher von der Firmenleitung vorgegebenes Budget für diese Feier. Sollte das im Laufe des Abends aufgebraucht sein – zum Beispiel durch übermäßige Bestellung alkoholischer Getränke –, sollten wir dann doch bitte gleich bei jedem Gast direkt kassieren, damit …

An dieser Stelle unterbrach ich die Dame. Ich wäre mir der Besonderheit ihrer Weihnachtsfeier voll und ganz bewusst. Gerade aus diesem Grunde würde ich sie bitten, die von ihr angesprochene service- und logistiktechnische Hochleistungsvariante doch lieber mit einem anderen Restaurant umzusetzen. In der überaus dicht gedrängten Weihnachtszeit würde ich mich lieber doch auf vertrautem und bestens erprobtem Terrain bewegen. Also zum Beispiel meine Vereinbarungen mit erfahrenen Sekretärinnen treffen, die wissen, wie wertvoll ein fix vereinbartes Menü mit fix ausgesuchten Weinen für das Gelingen einer Weihnachtsfeier sein kann.

Und so verabschiedete ich mich höflich und ließ die Dame weiter für ihre 20 Kollegen nach einem Ort für die „ganz besondere Weihnachtsfeier" suchen. Ein Ort, an dem man mitten in der Hochsaison auf Verdacht 32 Gerichte zaubert, diese mit 230 Bestecken und 60 Gläsern anrichtet, und wo stets ein dezenter Summerton erklingt, wenn einer der Festgäste sein Festguthaben überschritten hat …

Wirte und andere Aufständische

„Wirt" kommt vom germanischen „werdum", was so viel wie „Hausherr" bedeutet. Und auch wenn man heute mehr und mehr daran zweifeln möchte, dass der Wirt noch Herr im eigenen Haus ist, so waren Wirtshaus und dazugehöriger Gastwirt stets auch ein Ort, wo Meinung gebildet, geäußert und vehement vertreten wurde. Im Wirtshaus kochten und kochen nicht nur Leberknödelsuppe und Gulasch, sondern oft auch die Volkswut. Was an den heimischen Stammtischen oft mit hochrotem Kopf besprochen wird, findet sich – in etwas glatt gebügelter Form – in so manchen Parteiprogrammen wieder.

Selbst jene Politiker, die jeden Verdacht des Populismus heftig von sich weisen würden, haben das Volk scheinbar für sich wiederentdeckt. Plötzlich sprechen sie wieder davon, wie wichtig es wäre, die „Lufthoheit an den Stammtischen" wieder für sich zu gewinnen. Wenn ihr dabei nur keine Bauchlandung hinlegt!

Ja, das Wirtshaus ist eine Quelle des Volkswillens, und damit auch der Macht. Und Wirte sind oft die Kristallisationspunkte dieser Volksmeinung und auch deren heftige Verfechter. Die Themen gehen ihnen nie aus. Das war 1626 so, als ein Wirt namens Christoph Zeller einer der Anführer des Bauernkrieges in Oberösterreich war, das zeigte sich vor über 200 Jahren, als sich nicht weniger als dreizehn Wirte an die Spitze des Tiroler Aufstandes unter Andreas Hofer stellten, und das ist heute so, wenn streitbare Wirtsleute gegen Behördenschikanen, Gesetzesfluten und Kontrollsucht des Staates auftreten. Da verwundert es nicht, dass etwa die im Jahr 2016 verstorbene Rauriser „Wut-Oma" Frieda Nagl eine g'standene Wirtin war. Die resolute Dame hatte es 2014 in einem ORF-Sommergespräch dem ÖVP-Chef und Vizekanzler Dr. Reinhold Mitterlehner derart selbstbewusst „reingesagt" und gegen hohe Steuern und Gesetzesschikanen gewettert, dass sie von diesem Moment an als „Wut-Oma" zu einer Art „Volksheldin" wurde. (Der argentinische Revolutionär Che Guevara übrigens war von Beruf Arzt, ich weiß, aber manchmal denke ich, dass sich der wohl als Wirt auch sehr gut gemacht hätte.)

Legendär die „Märsche" von Hospiz-Chef Adi Werner von St. Christoph am Arlberg nach Wien, wo der Parade-Hotelier beim damaligen Handelsminister Josef Staribacher vorsprach und dort ordentlich „auf den Tisch haute". Immer wenn „der Adi" bei den Herren Politikern auf diesem Weg auf die brennenden Probleme von Hotellerie und Gastronomie hinwies, klatschte die Tiroler Wirtschaft begeistert Beifall. Und nicht nur die! Adi Werner ist auch heute, mit über 70 Jahren, ein unermüdlicher Kämpfer für die Sache der Gastronomen und ein Aushängeschild der Branche. Ich frage mich nur: Wo sind die Adi Werners der Zukunft? An allen Ecken und Enden würden wir Leute von seiner Sorte brauchen.

Ich fühle mich also wohlaufgehoben in einer langen Tradition von „Hausherren und Gastgebern", die nicht Ruhe geben, wenn sie Ungerechtigkeit erkennen, und die „denen da oben" auch schon mal das Fürchten lehren können.

Wer braucht Wirte?

Erst wenn das letzte Glas ausgeschenkt,
der letzte Schweinsbraten serviert,
und der letzte Wirt gegangen ist,
werdet ihr feststellen,
dass Fast-Food-Ketten und Konzeptgastronomie
dem Dorf zwar Essen und Trinken geben,
aber niemals Gemeinschaft und Seele.

Sehr frei nach einer Weisheit der Creek

Wenn die Dorfwirtshäuser verschwinden, verschwindet auch eine Institution, die seit Jahrhunderten neben Pfarrer und Bürgermeister eine zentrale Rolle in der Dorfgemeinschaft spielt: der Wirt. Ich weiß, die Zeiten ändern sich und auch den Hufschmied, den Köhler und den Schriftsetzer gibt's nicht mehr. Sie wurden von der technischen und gesellschaftlichen Entwicklung hinweggespült.

Aber: Braucht es das Wirtshaus und den Wirt wirklich nicht mehr? Schnell auf ein Plauscherl zum Wirt. Die Sorgen loswerden. Die Tageszeitung durchblättern. Die oft hitzige Diskussion am Stammtisch. Das kleine Gulasch mit Handsemmerl. Die Vereinssitzung mit Open End. Das Zwitschern der Vögel im Gastgarten. Gemeinsam mit der Wirtsfamilie alt werden und feiern, von der Taufe über die Firmung und Hochzeit bis zum Begräbnis. Das alles brauchen wir nicht mehr? Wirklich?

„In einem Staat gibt es umso mehr Räuber und Diebe, je mehr Gesetze und Vorschriften es in ihm gibt."

Laozi, Philosoph

V. STEUERN, STRAFEN, VORSCHRIFTEN

Alkoholausschank an Jugendliche

Geldstrafe

Österreichisches Hintertürl

Public

Gastgarten-

Überstunden-Vergehen

Steuerreformreformreform

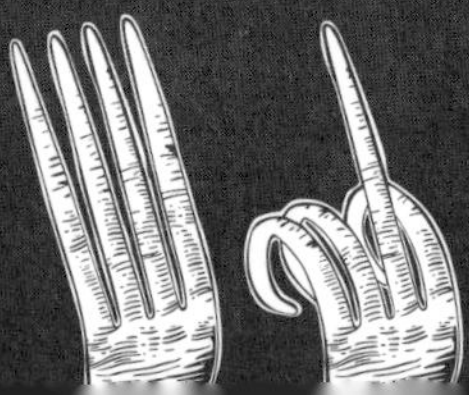

Jagt sie!

Wenn abertausende Flüchtlinge an unseren Grenzen stehen, Polizisten unzählige Überstunden leisten müssen und vieles nur funktioniert, weil darüber hinaus noch tausende ehrenamtliche Helfer in ihrer Freizeit mithelfen, dann ist das für die Politik offensichtlich kein Grund, rasch zu reagieren und zusätzliches Personal einzustellen. Wozu auch? Gibt ja kein Geld zu holen!

Wenn es aber darum geht, den „gesetzlosen" und „prinzipiell kriminellen" Gastronomen das „betrügerische Handwerk" zu legen, ist dem Staat nichts zu teuer. Als ginge es um das Überleben des gesamten Staates, wurden ohne mit der Wimper zu zucken 500 Finanzpolizisten in den Staatsdienst aufgenommen. Ihre Mission: die Gastrobranche noch stärker drangsa... – Verzeihung – kontrollieren und deren „zweifellos zahllose" Gesetzesübertretungen aufdecken. Unter dem Motto „Wer bietet mehr?" forderte kurz darauf der höchste Arbeiterkammer-Vertreter Österreichs im ORF, gleich noch zusätzliche 1.000 Finanzbeamte einzustellen. Wozu? Deren Auftrag sollte darin bestehen, die angeblich gefälschten Mitarbeiter-Dienstpläne in den Gastronomiebetrieben zu kontrollieren. Jedes noch so kleine „Überstunden-Vergehen" sollte mit einer zumindest vierstelligen Geldstrafe (in Euro!) geahndet werden.

Es ginge auch einfacher, an Geld zu gelangen – an viel mehr Geld. Man könnte zum Beispiel auch einfach damit beginnen, unseren gigantischen Sozialmissbrauch zu hinterfragen und zu prüfen. Man könnte sich das Geld auch bei den wirklich großen Fischen holen, die in Österreich zwar gigantische Geschäfte machen, ihre Steuern aber ganz woanders abliefern. Aber wer das fordert oder gar in Angriff nimmt, wird gebremst, diffamiert, beschwichtigt. Willkommen im Österreich von heute!

Ein Gesetz, das Barrieren schafft

Jeder Gastwirt freut sich über Gäste. Selbstverständlich auch über jene, die zum Beispiel mit dem Rollstuhl kommen. Seit 2016 sind in Österreich alle gastronomischen Betriebe barrierefrei zu gestalten. Alle. Das gebietet das Behindertengleichstellungsgesetz, das 2006 mit einer Übergangsfrist von zehn Jahren beschlossen wurde. Was denen, die dieses Gesetz einführten, offensichtlich erst später bewusst wurde: Ein totaler Umbau aller Zugänge und Toiletten von gastronomisch genutzten Gebäuden auf absolute Barrierefreiheit ist nicht immer möglich bzw. würden die Maßnahmen die finanziellen Möglichkeiten vieler Betriebe bei Weitem sprengen. Für einige Auserwählte – nämlich Bund und Länder – hat man auch ein typisch österreichisches Hintertürl gefunden und einfach die Übergangsfrist verlängert: Bei Bundesgebäuden gilt diese Frist bis Ende 2019, für Wien sogar bis 2042.

In meinem Lokal „Josef“, das sich in einem Gebäude aus dem 19. Jahrhundert mit schweren Granitstiegen befindet, fanden wir mit transportablen Alu-Rampen bereits viele Jahre vor Inkrafttreten der „Barrierefreiheit“ schon eine zufriedenstellende und leistbare Lösung. Aber andernorts ist es fast unmöglich, diesem Gesetz Genüge zu tun. Zumindest innerhalb eines wirtschaftlich einigermaßen vertretbaren Rahmens. Wer zum Beispiel die Barrierefreiheit per Gesetz und gegen Strafe sogar auf Schutzhütten in hochalpinen Schigebieten einfordert, geht klar an der Realität vorbei. Wenn dann so ein Betrieb zusperren muss, weil er die Auflagen der absoluten Barrierefreiheit nicht erfüllt, wem nutzt das? Macht es die Sache für den behinderten Menschen besser, wenn so eine Schutzhütte dann nicht mehr nur für ihn, sondern für alle „unzugänglich", weil geschlossen, ist? Wer ist es denn, der solche kostspieligen, unsinnigen und kaum umsetzbaren Vorschriften fordert? Sind es wirklich die Betroffenen? Oder sind das nicht eher von missionarischem „Gerechtigkeitseifer" beseelte Bürger, die mit ihren realitätsfremden Forderungen letztlich allen schaden: den Gastronomen und jenen, denen sie vorgeben helfen zu wollen?

Sperrstund' is' …

Auch wenn ich mich selbst nicht zu den größten aller Fußballfans zähle – Fußball-Großereignisse wie Welt- und Europameisterschaften haben schon was! Außerdem: „Fußball und Wirtshaus", das passt einfach – Menschen kommen zusammen, unterschiedliche Kulturen verbinden sich, man diskutiert, fiebert mit, feiert. Und schließlich: Fußball kann auch Umsatz bringen. Wie sagt doch das eherne Gastronomiegesetz? – Sieg des Heimteams ist gleich plus 20 Prozent Umsatz! Am liebsten noch mit möglichst üppiger Nachspielzeit oder gar Verlängerung, das bedeutet noch mehr Bierumsatz. Dagegen kann kein Wirt was haben.

Klingt also nach einem absoluten Glücksfall, wenn wieder mal eine Fußballweltmeisterschaft angesagt ist. In der Theorie! Denn in der Praxis hatte etwa in meiner Heimatstadt kaum ein Veranstalter den Mut, ein WM-Public-Viewing aufzuziehen. Das lag nicht am Wetter, nein, da waren traumhafte Bedingungen angesagt. Auch nicht an mangelndem Interesse der Zuschauer, ganz im Gegenteil! Was viele abschreckte, war das kräftige Wiehern des Amtsschimmels, das lautstark über die Gastgärten und andere Veranstaltungsplätze hallte. Ein Teil der Spiele war nämlich nach 22 Uhr angesetzt, und da ist laut Behörde Schluss mit lustig in den Gastgärten meiner Stadt. Ausnahmen gibt's nicht. Anders in Deutschland: Mittels Sonderverordnung macht man dort die Übertragung von Spielen auf Großleinwänden auch nach 22 Uhr möglich. Ja, warum denn auch nicht?

Schließlich fiebert doch mit den Spielern oft eine ganze Nation mit, und Gastgärten im urbanen Gebiet sind ja schließlich auch keine geräuschfreien Naturschutzzonen. Aber in Österreich heißt es nach wie vor auch bei weltmeisterschaftlichen Wettkämpfen: „Schlusspfiff, aus, Ende Gelände!" Weil „Vurschrift" eben „Vurschrift" ist in unserem Land – selbst wenn die Welt untergeht oder – im Falle Fußball – ein globales Fest feiert. Wir machen dicht. (Interessant wird es 2022, wenn – wie geplant – die Fußballweltmeisterschaft im Emirat Katar am Persischen Golf stattfindet. Wegen der großen Sommerhitze soll das Turnier nämlich erst gegen Jahresende [21. November bis 18. Dezember 2022] stattfinden, und wegen der Zeitverschiebung starten die Matches um Mitternacht. Das wird ein Spaß, wenn in den Lokalen die Weihnachtsfeier-Gruppen auf die „public-viewenden" Fußballfans treffen!)

Flexibilität und Entgegenkommen gehören jedenfalls nicht zu den Stärken der österreichischen Obrigkeit. Das verspüren wir Wirte etwa auch dann, wenn – wie schon so oft in den letzten Jahren – die sogenannte „schöne, warme Jahreszeit" nicht dann kommt, wenn es die Gastgartenverordnung will, sondern zum Beispiel – dank Klimawandel – im Februar. Eine spontane Grillaktion im Gastgarten an einem sonnigen Februar-Wochenende? Wäre schön, aber Njet: Das Gesetz verbietet es den Gästen, vor dem 1. März draußen zu sitzen. Basta. Egal ob Sonne oder Schnee. Wo kämen wir denn hin, wenn wir die

Gastgarten-Öffnungszeiten danach richten, ob das Wetter passt?

Rigorosen Umgang mit Gastgarten-Sperrstunden erlebt man aber auch bei anderen Großereignissen der Stadt: „Linzer Pflasterspektakel", das „Krone-Fest", die „Klangwolke" oder der „Urfahraner Markt" – alles Ereignisse, die zehntausende Besucher in die Stadt bringen. Und diese schauen ganz schön betreten, wenn sie um 22 Uhr mitten im schönsten Fest im Namen des Gesetzes aus den Linzer Gastgärten verjagt werden …

Geistige Beweglichkeit? Anpassungsfähigkeit an besondere Umstände? Fehlanzeige! Vermutlich auch einer der Gründe, warum unser Land derzeit wie in Schockstarre verharrt, warum nichts weitergeht, Stillstand total herrscht. Wir Wirte können ein langes und trauriges Lied davon singen. Aber nur bis 22 Uhr, denn dann ist Sperrstund'.

Der Wirt ist schuld. Immer.

In einer Zeit, in der „Eigenverantwortung" immer mehr zum Fremdwort verkommt, braucht man Schuldige. Also Menschen, Institutionen ... was oder wen auch immer, denen man die Schuld an Ereignissen zuschieben kann. Hauptsache, wir waren's nicht! Überaus beliebter „Schuldiger" in diesem Sinne: der Wirt. Und selbst dann, wenn der Hausverstand noch so aufheult, irgendwie schafft man es schon, dass zuletzt doch wieder der Wirt der „G'wetzte" ist.

Exemplarisches Beispiel dieses Wahnsinns aus Tirol: Dort bestellte in einem – sehr weitläufigen – Lokal ein Erwachsener ein alkoholisches Getränk. So weit, so gut. Doch sobald sich Wirt und Mitarbeiter außer Sichtweite des Herrn befanden, gab dieser das Getränk an einen anderen Gast weiter, der – wie sich gleich herausstellen sollte – noch keine 16 Jahre alt war. Wie es der Zufall wollte, gab es just in diesem Moment eine behördliche Kontrolle, der (zu) junge Mann wurde „auf frischer Tat" mit einem alkoholischen Mixgetränk ertappt. Ist ja wohl klar, dass jetzt der Begleiter des Jugendlichen und Käufer des Getränks belangt wird, oder? Würde man meinen. Das hieße aber Verantwortung für das eigene Handeln zu übernehmen, und das haben wir uns ja – siehe oben – mittlerweile scheinbar abgewöhnt. Also brauchen wir einen Schuldigen, und das ist – erraten – der Wirt: Bis zu 3.600 Euro Strafe standen für „sein Vergehen" im Raum. Der Gastronom argumentierte, dass es nachweislich eben keinen Alkoholausschank an einen Jugendlichen gegeben habe und dass es ihm völlig unmöglich sei, jeden seiner Gäste – mehrere hundert – rund um die Uhr zu beobachten. Zudem wären überall im Lokal Hinweise auf das Alkoholverbot für Jugendliche angebracht und auch die Mitarbeiter seien über das Verbot voll informiert gewesen und hätten korrekt gehandelt. Half aber alles nichts: Der Verwaltungsgerichtshof entschied, dass unter den in der Gewerbeordnung festgelegten Begriff „Ausschank" auch die Weitergabe von Alkohol von Dritten an Jugendliche fällt. Egal, in welcher Ecke des Lokals das passiert und durch wen. Und wir wären nicht in Österreich, hätte sich nicht auch der Verwaltungsgerichtshof dieser mehr als seltsamen Argumentation angeschlossen. (Man bedenke: Erwachsen, also „volljährig", ist man in Österreich ab dem 18. Geburtstag, Alkohol darf an unter 16-Jährige nicht abgegeben werden. In der Praxis findet sich oft ein 18-Jähriger in der Gruppe, der dem 15-jährigen Freund gerne ein Gläschen oder mehr rüberreicht.)

Gemäß diesem Urteil kommt auf uns Wirte also auch noch die Funktion des Erziehers und Rund-um-die-Uhr-Aufpassers zu. Völlig egal, ob die Unter-16-Jährigen von ihren Eltern oder anderen Erwachsenen begleitet werden und diese bewusst das Gesetz missachten. Und auch wenn jetzt viele Standesvertreter aufstehen und dieses Urteil als „weltfremd" bezeichnen und darauf hinweisen, dass es für den Wirt unmöglich ist, „hinter jedem Gast zu stehen" – Urteil ist Urteil, da hilft auch das Unverständnis einer großen Mehrheit nichts. Statt Eigenverantwortung zu übernehmen, Ursachen auch bei den Eltern und Erziehenden zu suchen und sich auch mal die eigene Schuld einzugestehen, wendet man lieber wieder die „Goldene Behördenregel Nr. 1" an: „Der Wirt ist immer schuld!"

BetreuerInnen für jugendliche TestkäuferInnen gesucht!*

Ziel der Testkäufe

Das Institut Suchtprävention sucht BetreuerInnen auf Werkvertragsbasis für die Durchführung von Alkohol-Testkäufen („Mystery Shopping") mit Jugendlichen nach dem Jugendschutzgesetz des Landes OÖ.

» Sensibilisierung von Verkaufsstellen und Betrieben zur Einhaltung der gesetzlichen Jugendschutzbestimmungen beim Verkauf von alkoholischen Getränken
» Änderung der Abgabepraxis und Schaffung eines neuen Bewusstseins für den Jugendschutz bei allen Beteiligten
» Reduktion der Verfügbarkeit von alkoholischen Produkten für Jugendliche unter 16 Jahren
» Stärkung des Vertrauens von Eltern und der Bevölkerung in den oberösterreichischen Handel betreffend die Einhaltung des Jugendschutzgesetzes (keine Abgabe von Alkohol an Jugendliche unter 16 Jahren)

Aufgabenbereich

Der/die BetreuerIn hat die Aufgabe, ein oder zwei Jugendliche pro Tour (= üblicherweise ein Nachmittag) bei Testkäufen im Einzelhandel und in der Gastronomie zu begleiten, das ordnungsgemäße Vorgehen der Testkäufe schriftlich zu protokollieren und dem jeweiligen Geschäft sowie dem Institut Suchtprävention das Ergebnis rückzumelden. Die Jugendlichen sollen in erster Linie mit Unterstützung des Landesjugendreferats akquiriert werden.

Voraussetzungen

» Erfahrung in der Arbeit mit Jugendlichen
» Sicheres Auftreten und Konfliktfähigkeit
» Teilnahme an einem (bezahlten) Schulungstermin
» Führerschein B und eigenes Auto

Honorar

15 Euro pro getestetem Geschäft, 20 Euro pro Gastrobetrieb (plus Kilometergeld von € 0,42/km).

---

* Online-Stellenanzeige. Für die Kontrolle von Gastronomiebetrieben werden satte Honorare gezahlt. Die Ursachen des Alkoholkonsums vieler Jugendlicher werden damit sicher nicht bekämpft.

Alles sehr komplex

Wieder einmal war es so weit: Steuerreform! Besser gesagt die „Reform der Reform der Reform der Reform …“ und sicher nicht die letzte!

Nicht gerade hoffnungsfroh stimmte mich der Satz, den ich dazu im Internet auf dem Unternehmensserviceportal – einer Website des Bundesministeriums für Finanzen – gelesen hatte: „Das betriebliche Rechnungswesen ist komplex.“ Aha. Der Duden beschreibt „komplex“ mit „vielschichtig“ und „ineinandergreifend“ … aber auch mit „unauflösbar“. Na, hoffentlich ist nicht das Letztere gemeint, denn bereits vor der „Reform der Reform der Reform der Reform …“ war es ohne großen Aufwand und ohne oft teure professionelle Unterstützung nahezu unmöglich, seine Steuern korrekt und fehlerfrei zu berechnen und zu bezahlen.

Was gleich blieb: Als Unternehmer berappt man auch weiter grundsätzlich eine Umsatzsteuer von 20 Prozent. Was sich geändert hat: Die angeblich bis dato so oft gestellte Frage: „Brauch ma a Rechnung, Chef?“, soll durch die Registrierkassenpflicht der Vergangenheit angehören. Was die Sache zusätzlich spannend und zur Herausforderung für Gastronomen und Hoteliers macht: Die Steuerreform wurde auch dazu verwendet, diverse verminderte Steuersätze einzuführen. So wird etwa die „Verabreichung eines ortsüblichen Frühstücks“, das man zusammen mit Beherbergung bucht und bezahlt, mit 10 Prozent besteuert. Trinkt der Gast am Nachmittag einen Kaffee, fallen 20 Prozent Steuer an, verkauft der

Wirt Wein ab Hof, sind 13 Prozent fällig. Alles klar? (Blickt man in die Nachbarländer Österreichs, sieht man dort ganz andere Steuersätze, aber in mancher Hinsicht den ähnlichen Wahnsinn. In Deutschland werden Lebensmittel mit 7 Prozent versteuert, alles andere mit 19 Prozent. In der Schweiz aber, ja, da gelten Steuersätze, die sich nach dem Datum richten. Im April wird dort für Nächtigungen ein anderer Steuer-Prozentsatz verrechnet als im Mai. Na Grüezi!)

Steuerreformen, die ihren Namen verdienen, wären doch die Gelegenheit, das System zu vereinfachen. Leider ist meist das Gegenteil der Fall: Alles wird komplizierter, umständlicher ..., komplexer eben. Die Lösung wäre eigentlich ganz einfach: einen einheitlichen Steuersatz für Branchen oder übergeordnete Produktgruppen. Ohne – weitestgehend sinnfreie – Ausnahmen und Extra-Regelungen, die meist eh nur einer bestimmten Gruppe zugutekommen. Oder kann mir jemand einen plausiblen Grund dafür nennen, warum Shops in Tiergärten oder Museen andere Steuern zahlen als etwa ein Lebensmittelgeschäft? Mit Parteipolitik oder Lobbyismus von Institutionen werden diese steuerlichen Ungleichheiten ja wohl nichts zu tun haben, oder?

Bitte, liebe Regierende und eure Beamten- und Beraterschaft, denkt bei der nächsten „Reform der Reform der Reform der Reform ..." daran: Wir Unternehmer würden uns gerne auf unsere Kernkompetenzen konzentrieren – nämlich etwas „unternehmen", etwas gestalten, etwas auf die Beine stellen und damit auch Arbeitsplätze schaffen, die Wirtschaft ankurbeln – und schlussendlich auch eure Gehälter verdienen.

Wir kommen aber viel zu wenig dazu. Denn ihr habt uns zu Buchhaltern mit Nebenbeschäftigung „Unternehmertum" gemacht. Schon im eigenen Interesse müsst ihr uns gut behandeln, denn: Wenn es uns Gestalter nicht mehr gibt, wen habt ihr dann zu verwalten?

Betriebsanleitung für Rauchertische

Gesetzestexte tragen oft – davon kann wohl jeder ein Liedchen singen – eine gehörige Portion an Wahnsinn und unfreiwilligem Humor in sich. Als Wirt wird man mit Lektüre dieser Art von Ämtern und Behörden besonders großzügig versorgt. Ein Beispiel: Ich erhielt ein Schreiben des Linzer Magistrats zum viel diskutieren Thema „Rauchen". Ich sehe sie förmlich vor meinem geistigen Auge, die diversen Gruppen, Gremien und Ausschüsse. Wie sie, unterstützt von teuren Gutachtern, nach vermutlich wochen-, ja monatelangen Beratungen endlich die folgenden „Verhaltensregeln" zum Thema „Rauchertisch vor dem Lokal" ausformuliert hatten und an die Gastronomen der Stadt versandten:

Rauchertisch (Stehtisch) vor dem Lokal

Sollten Sie beabsichtigen, vor Ihrem Lokal einen Rauchertisch (Stehtisch) aufzustellen, ist ein entsprechender Antrag erforderlich. Die wichtigsten Bedingungen für eine Zustimmung sind:

- » Das Ausmaß des Stehtisches darf 60 cm im Durchmesser und 120 cm in der Höhe nicht überschreiten.
- » Die genaue Festlegung des Ausmaßes bleibt einem straßenpolizeilichen Verfahren vorbehalten und richtet sich in erster Linie nach den Platzverhältnissen (verbleibende Mindestgehsteigbreite 150 cm).
- » An Rauchertischen darf kein Ausschank/keine Konsumation stattfinden.

- » Die Aufstellung von Sitzgelegenheiten, Heizkandelabern, Heizstrahlern sowie von Schirmen (Markisen, Überdachungen) oder das Auflegen von Teppichen u. Ä. sind untersagt.
- » Werbung auf oder neben Rauchertischen sowie das Aufstellen von A-Ständern oder ähnlicher Werbeträger ist unzulässig.
- » Rauchertische sind nur während der Betriebszeit zulässig. Außerhalb der Betriebszeiten ist der Rauchertisch vom öffentlichen Gut zu entfernen.
- » Der Rauchertisch ist während der bewilligten Schanigartensaison innerhalb der bewilligten Schanigartenfläche aufzustellen.
- » Für die Benützung des öffentlichen Gutes ist gemäß „Tarifpost 24" der Tarifordnung für die über den Gemeingebrauch hinausgehende Benützung ein Entgelt zu leisten.

Sofort untersuchten wir unser Lokal nach Tischen, die den zentimetergenauen Anforderungen des Magistrat-Textes entsprachen, vermaßen Gehsteige, versuchten eine Mitnahme von Getränken an die Tische zu vermeiden und taten sonst noch so ziemlich alles, damit es die Raucher bei ihren Rauchertischen möglichst ungemütlich hatten. Denn das ist ja meiner Vermutung nach der tiefere Sinn so ziemlich aller Raucher-Verordnungen: Das Rauchen so umständlich und geächtet wie nur möglich zu machen, bis selbst der letzte Unverbesserliche aufgibt. Ja, die Erziehungsmethoden des Staates im Sinne einer verordneten Volksgesundheit gehen manchmal sehr raffinierte Wege …

Schützt uns vor den „Beschützern"!

Gewerkschaften, Interessenvertreter, Parteien – alle treten sie gerne als die großen Beschützer des viel zitierten „kleinen Mannes" auf. Viele noch so abenteuerliche Maßnahmen rechtfertigen sie mit dem angeblichen Auftrag der „Schutzbefohlenen". Doch wer sagt, dass es ein Vorteil für jeden Arbeitnehmer ist, wenn ihn eine Gruppe von Kontrolleuren und Verhinderern in Geiselhaft nimmt? Wer sagt, dass der „kleine Mann" überhaupt auf diese Art „beschützt" werden will?

Zeiten ändern sich, das war schon immer so. Heute sind andere Dinge gefordert als gestern, morgen wird wohl wieder Neues gefragt sein. In diesem ständigen Wandel leben wir, und wer hier wirtschaftlich bestehen will, muss sich den geänderten Umständen anpassen. Immer wieder aufs Neue.

So ist es etwa eine Tatsache, dass der Wunsch nach Flexibilität in der Gesellschaft wächst. Urlaube werden „last minute" gebucht, das Mittagessen – früher immer Punkt 12 Uhr – wird jetzt am Nachmittag eingenommen oder gegen einen Brunch getauscht, fortgegangen wird in manchen Altersgruppen – auch an Wochentagen – erst gegen 23 Uhr, also zu einer Uhrzeit, zu der früher „jeder anständige Mensch" schon längst im Bett lag. Jetzt kann man jammern und sich selbst diesem Trend verweigern; will man aber – zum Beispiel als Gastronom – wirtschaftlich erfolgreich sein, muss man sich schlicht und einfach darauf einstellen. Dazu gehört natürlich auch, dass man mit der strikten „8-bis-16.30-Uhr-Mentalität" Schluss macht. Und glauben Sie mir: Sehr viele meiner Mitarbeiter wollen auch zu „ungewöhnlichen" Uhrzeiten oder am Wochenende arbeiten. Viele sind Single und zeitlich flexibel, andere haben eine Familie gegründet und freuen sich über den Mehrverdienst von bis zu 100%. Allerdings: Man lässt sie nicht! Notwendige Flexibilität in der Wirtschaft – auch um Arbeitsplätze zu erhalten – gilt hierzulande offenbar als Straftat.

Die Geschäftsführer dreier Lebensmittel-Großmärkte etwa wurden zu 70.000 Euro Strafe verdonnert. Ihr „Verbrechen": Sie hatten es gewagt, an einem Sonntag aufzusperren. Warum? Es war nicht irgendein Sonntag gewesen, sondern jener nach Weihnachten, die Gastronomen der Region hatten nach den vielen Feiertagen nach frischer Ware gelechzt. Ja und dann hatten sich diese drei Händler doch glatt entschlossen, der dringenden Nachfrage ihrer Kunden zu entsprechen und ihre Tore zu öffnen, mit frischer Ware, freundlichen Mitarbeitern und allem Drum und Dran! Und das an einem Sonntag! Ein glatter Verstoß gegen das Arbeitsruhegesetz und das Gesetz gegen unlauteren Wettbewerb. Die gewerkschaftlichen „Beschützer" traten sofort auf den Plan, und die Rechnung für dieses Vergehen wurde dem Trio präsentiert.

Nicht viel anders erging es da Attila Dogudan, dem legendären Gründer der weltweit agierenden DO & CO „The Gourmet Entertainment Company". Das Know-how, das man sich in den Jahrzehnten als

Edel-Caterer für Airlines, Mega-Sportereignisse und diverse VIP-Events angeeignet hatte, wollte man auch für die Österreichischen Bundesbahnen einsetzen. Mit seinem Catering-Konzept namens „Henry am Zug" übernahm Dogudan den gastronomischen Betrieb der ÖBB-Zugrestaurants. Alles lief gut, die Gäste waren zufrieden, bis … bis sich die Gewerkschaft einmischte: Mitarbeiter hätten länger gearbeitet als gesetzlich erlaubt. Dass die punktgenaue Einhaltung der Arbeitszeiten auf einem rollenden Arbeitsplatz schwierig bis unmöglich ist, spielte keine Rolle. Auch nicht der Umstand, dass der Hauptverursacher des beanstandeten „Arbeitszeit-Skandals" die Flüchtlingswelle war, die damals auch in Zügen über Österreich rollte und für enorme Verspätungen sorgte. Dogudan wurde „wegen Verletzungen der Arbeitszeit- und Ruheregelung" mit einer Verwaltungsstrafe von 1,3 Mio. Euro gedroht. Dogudans trockene Schlussfolgerung in einem Interview mit dem Wirtschaftsmagazin „trend": „Unter diesen Rahmenbedingungen ist es nicht möglich, weiterzumachen. Wenn normales Arbeiten illegal ist, dann muss man es halt bleiben lassen." Das war's. Attila Dogudan kündigte den Vertrag. Die Gewerkschaft reibt sich die Hände und auch so manche Neider, die Selfmade-Millionäre wie Dogudan ja ohnehin für „Ausbeuter" halten, die es verdient hätten, zu zahlen. Womit wir gleich beim Nächsten wären: Energy-Drink-Milliardär Didi Mateschitz kann ein ähnlich klingendes Liedchen trällern. Ziel der „gewerkschaftlichen

Schutzmaßnahmen für ausgebeutete Mitarbeiter“ war Mateschitz’ Privat-TV-Sender. Zunächst ging es um angebliche Initiativen zur Gründung eines Betriebsrates beim Sender. Nachdem Mateschitz dann aber mit sofortiger Schließung des Senders gedroht hatte, war alles nicht mehr so gemeint. Auch die Gewerkschaft zog sich grummelnd zurück. Nichts daraus geworden, sich nach dem ORF-Vorbild auch beim Privat-TV etwas politischen Einfluss zu sichern, gell? Die Mateschitz-Mitarbeiter haben auf jeden Fall weiterhin ihren Job, der ihnen – wie man hört – hohe Gehälter und zahlreiche recht angenehme Sozialleistungen bringt.

In all diesen und ähnlichen Fällen wird die altbekannte klassenkämpferische Botschaft transportiert: Hier der reiche, ausbeuterische Unternehmer, der die Mitarbeiter bis aufs Hemd auszieht, dort der arme, unterbezahlte Arbeitnehmer, der für seinen Chef bis zum Umfallen im Einsatz ist. Wer es zu einer Firma plus einem ansehnlichen Vermögen gebracht hat, steht unter Generalverdacht, nichts als ein skrupelloser Ausbeuter zu sein. Zugleich wird – oft auch mit dem Segen der Wirtschaftskammer (!) – das Korsett an Gesetzen und Regelungen für Betriebe immer enger geschnürt. Selbst auf der Hand liegende, einfache Wünsche nach Änderungen werden im Keim erstickt. Unternehmerische Entscheidungen wie etwa Öffnungszeiten werden wie in einer Planwirtschaft vom Gesetzgeber getroffen. Das Ergebnis sind dann typisch österreichische „Wischiwaschi“-Lösungen, die kaum praktikabel sind und gefühlte tausend Ausnahmen beinhalten. Dabei würde es reichen, die Zuschläge für Sonntags- oder Nachtarbeit klar zu regeln und dafür zu sorgen, dass dieses Geld auch beim Mitarbeiter ankommt und nicht gleich wieder von der Steuerprogression „gefressen" wird. (Immerhin gibt es ja auch Menschen – etwa junge Familienväter und „Häuslbauer" –, die gerne über die gesetzlich vorgeschriebene Arbeitszeit hinaus arbeiten und etwas dazuverdienen wollen.)

Stattdessen spielen sich Gewerkschaften und Co. als „Anwälte des kleinen Mannes" auf und stürzen sich auf die vielen kleinen Unternehmer, die sich nicht wie Milliardär Didi Mateschitz wehren können. Sie ärgern sich, zahlen brav ihre Strafen und machen weiter wie bisher. Weil sie es sich einfach nicht anders leisten können. Ja und manche – leider viele davon in der Gastronomie – sehen keinen Ausweg mehr und sperren zu. Und mit dem Betrieb gehen stets auch immer Arbeitsplätze verloren. „Operation gelungen, Patient tot!" – Gratuliere, Gewerkschaft!

Entmündigung auf Raten

Wie ein Mahnmal steht er in meinem Lokal: der „rauchfreie" Extra-Zugang zur Toilette. Ein Mahnmal dafür, wie wandelbar die Zeiten und vor allem die Vorschriften sind. Denn spätestens 2018 tritt das generelle Rauchverbot in der Gastronomie in Kraft. Und dann kann man sich die eigens installierten rauchfreien Zugänge, die getrennten Raucherbereiche, die teuren Glastrennwände usw. in die Haare schmieren. „Rauchen im Gasthaus verboten!" heißt es dann. Ohne Ausnahme. Pech gehabt, Millionen-Investitionen umsonst getätigt. Gesetze wie diese werden damit legitimiert, dass sie dem Schutz der Gesundheit dienen. Stimmt schon, dass es gesünder ist, nicht zu rauchen, aber ich möchte diese Entscheidung, bitte sehr, schon selber treffen. Anders gesagt: Ich lasse mich nicht gerne entmündigen. Und wie weit geht denn diese „Sorge" des Staates um die Gesundheit seiner Schäfchen? Nach dem Motto „Reg dich nicht auf, ich weiß schon, was gut für dich ist!" kann dann ja so ziemlich jeder noch so massive Eingriff in die persönliche Lebensweise als Maßnahme zum Schutz der Bürger interpretiert werden.

Dass das Inhalieren von Nikotin und Co. nicht gesund ist, darf als bekannt vorausgesetzt werden. Ist es da noch notwendig, die Bürger bei jeder Gelegenheit vor dem Rauchen zu warnen bzw. sie ständig und überall vor den Rauchschwaden schützen zu wollen? Autofahren ist ja auch gefährlich, und trotzdem wird nicht an jeder Tankstelle ständig davor gewarnt. Wer rauchen will, soll das dort tun, wo rauchen erlaubt ist.

Und wer keinen Rauch mag, sollte die Plätze meiden, an denen geraucht wird. Deshalb ist auch eine Trennung in Raucher- und Nichtraucherbereich wichtig und richtig. Ein Wirt, der Raucher als eine lohnende Gästegruppe sieht, wird ihnen die Möglichkeit zum Rauchen geben und damit Geschäft machen. Ein Gastronom, der sein Lokal teilweise oder gänzlich rauchfrei hält, wird jene ansprechen, die Tabakgeruch scheuen. Und alle sind zufrieden. Klingt logisch, die Praxis sieht aber ganz anders aus. Da wird uns die Entscheidung „Rauchen – ja oder nein" durch das kommende, nahezu flächendeckende Rauchverbot de facto abgenommen. Raucher können ihrem „Laster" dann bald nur mehr zu Hause nachgehen. (Und das wohl auch nicht mehr lange, wenn e-card und Trafikrechnung miteinander abgeglichen werden.)

Als Begründung für dieses rigorose Verbot wird immer wieder auch der Schutz für die Mitarbeiter in der Gastronomie genannt. Dabei können es die sich ja schon länger aussuchen, ob sie in einem Raucher- oder einem Nichtraucherlokal arbeiten wollen. Und wenn ein militanter Nichtraucher in einer Zigarrenbar anheuert und dann mit gesetzlicher Unterstützung Rauchverbot verlangt, ist das so ähnlich wie ein veganer Kellner, der sich weigert, im Steakrestaurant Fleisch zu servieren.

Die Sache ist aber nicht nur ein schmerzhaft deutliches Beispiel für die Planlosigkeit unserer Gesetzgeber und Vorschriftenmacher, sie ist auch ein Indiz für eine Entwicklung, die unsere Gesellschaft mehr und mehr im Griff hat: die schleichende, alle Lebensbereiche umfassende Bevormundung der Bürger und ihre darauf folgende Flucht in die Verantwortungslosigkeit. Unter so erfreulich klingenden Deckmäntelchen wie „Volksgesundheit", „Konsumentenschutz" oder „Prävention" werden uns die haarsträubendsten Vorschriften untergejubelt. Die „amerikanischen Zustände", über die wir uns so lange lustig gemacht haben, sind längst bei uns eingetreten: „Objects in mirror are closer than they appear" („Objekte im Spiegel sind näher als sie erscheinen") steht auf den Rückspiegeln unserer Autos, und wir erfahren auf diesem Weg, dass ein Spiegel nicht immer die reine Realität darstellt und ein Schulterblick manchmal nicht schaden kann. Danke, liebe Obrigkeit, dass du so gut auf mich aufpasst! „Achtung, heiß!" heißt es auf Kaffeebechern, um uns Dummerchen darauf aufmerksam zu machen, dass brühheißes Kaffeewasser Hitze ausstrahlen kann. Danke, ihr da oben! Wenn ein Energy-Drink mit dem Slogan „... verleiht Flügel" wirbt, dann muss er dazusagen, dass dies nur im übertragenen Sinn gemeint ist. Wenn sich sonst nämlich irgendein durchgeknallter Typ nach dem Genuss des süßen Wässerchens die Klippen runterschmeißt und wundersamerweise unten nicht mehr komplett ankommt, dann setzt es eine Millionenklage.

Aus selbstbestimmten Bürgern werden von oben gesteuerte „Patscherl", eigenständiges Denken und Entscheiden mithilfe von Gesetzen und Klagemöglichkeiten verboten. Und das ist wohl erst der Anfang. In Zukunft wird unsere Versicherungsprämie nach dem Schnitzelkonsum und der Gefährlichkeit unserer Hobbys berechnet, auf jeder Tafel Schokolade wird man uns vor dem „Dickmacher" warnen, und sobald wir eine öffentliche Toilette besuchen, wird uns ein Urin-Soforttest vorwurfsvoll auf unsere Leberwerte hinweisen. Die Versprechung: ein gesundes, angeblich sorgenfreies Leben. Der Preis: Entmündigung.

Und diese Entmündigung vollzieht sich schleichend, permanent vor unseren Augen. Nehmen wir die Ampeln zum Beispiel. Sie sind gut und wichtig. Aber wie alles, kann man auch das übertreiben. Ich habe mal nachgezählt: Auf meinem Weg durch die Stadt habe ich kürzlich 16 Ampeln passiert, vor 20 Jahren konnte ich die noch an einer Hand abzählen. Ob da wirklich jede einzelne notwendig ist? Nachdenken, ob Rechtsverkehr gilt, auf den Querverkehr achten? Wozu? Die Ampeln denken für uns. Man schaut nicht mehr auf den Verkehr, sondern starrt auf die Ampel. Und wenn die „Grün" zeigt, fährt man. Egal, wer oder was kommt. Man ist ja im Recht. Beim Auto selbst haben wir schon die meisten Tätigkeiten delegiert: Schalten müssen wir dank Automatikgetriebe nicht mehr, der Scheibenwischer legt bei Regen selbstständig los, Tempomat, Bremsassistent, Abstandsregler, Einparkhilfe, sensorgesteuerte Heckraumklappe … macht alles jemand anderer. Und das selbst fahrende Auto steht ja schon kurz vor der

Marktreife. Wehe dem, der dann in so einem Auto nach einer Zigarette greift! In diesem Fall wird das Auto wohl augenblicklich zum Stillstand gebracht. Der Bordcomputer schickt die Selbstanzeige direkt an die Polizeidirektion. Eine Kopie der Anzeige ergeht an Sozialversicherung und Arbeitgeber, verbunden mit einer sofortigen Einschreibung für ein sechsmonatiges Antiraucher-Seminar. Sie werden sehen!

Als kleinen Schockeffekt zum Abschluss habe ich mir noch einen Begriff aufgehoben, der die ganze eben beschriebene Entwicklung in 18 Buchstaben deutlich macht: Allergenverordnung!

Na? Noch Lust und Appetit auf irgendetwas?

Was im Ticket steckt

„10 Euro für ein Eintrittsticket! – So viel?"
„So wenig!", sagt man, wenn man einmal gehört hat, welche Kosten bei einem Gastro-Event anfallen, für das der Veranstalter z. B. € 10,– Eintritt verlangt.

20% Mehrwertsteuer
AKM-Musikschutz der Künstler (ab 10%)
Lustbarkeitsabgabe an die Stadt
Veranstaltungsraum-/Location-Miete
Eventüberwachung durch Polizeibehörde
Rettungs-/Sanitäter-Dienst
evtl. Feuerwehr-Überwachung
Lohnsteuer
Gewerbesteuer
Personalkosten
Sozial- und Krankenversicherung
Feuer- und Veranstaltungs-Haftpflichtversicherung
Diebstahl- und Glasbruchversicherung
Feuerschutzabgabe
Kammerbeiträge
Staplermiete & -fahrer
Kühlanhänger
Warm- und Kaltwasserkosten
Abwasserkosten
Stromkosten
Sicherheitstechniker
Müllabfuhr
Speisereste-Entsorgung
Wasch- und Putzmittel
Gläser- und Glanzreiniger

Klopapier
Handtücher und Seife
Reparaturen
Gläserbruch
Wartungsverträge
Telefongebühren
Dekorationskosten
Securitys
DJs
Künstler für Kinderprogramm
Liveact-Showact
Hüpfburg
Grafische Gestaltung
Druckkosten (Flyer, Plakate)
Plakatierung
Promotion-Team
Bühne, Marketing in Print-/TV-Schaltungen
Lichtanlage
Tonanlage
Absperrungen (Zäune)
Dekoration
Reinigung
Kfz
Steuerberater
Anmeldegebühren für Veranstaltung
Tourismusabgabe
Einkommenssteuer
...

Mit vereinten Kräften – gegen die Wirte

Was wollen Politiker? –

Ja, ja … glückliche Bürger, gesunde Umwelt, Weltfrieden … Schon klar.

Noch mal die Frage: Was wollen sie nun wirklich, die Politiker? –

Gewählt werden. Richtig!

Und wie wird man gewählt? Zum Beispiel, indem man jene Menschen „am Goderl kratzt", die einer möglichst großen und gesellschaftlich anerkannten Gruppe angehören. In Österreich sind das zum Beispiel die Vereine. Deshalb stehen Feuerwehren, Blasmusikkapellen, Musikschulen etc. ganz oben in der Gunst der Politiker. Taktisch sinnvoll, erreicht man doch über sie ohne viel Anstrengung jede Menge Wählerstimmen und kann sich noch dazu als Festredner in der Popularität von Feuerwehrfesten und Blasmusik-Frühschoppenkonzerten sonnen.

Von so einem Netzwerk können Gastronomen nur träumen. Höflich sein, freundlich sein „Gschamster Diener" sagen und „Danke-Bitte-beehren-Sie-uns-bald-wieder!", ja, das haben wir gelernt. Aber aufstehen, die Stimme erheben auch gegen die Meinung mächtiger Gegner in Überzahl? Nein, das haben wir Wirte eher nicht drauf. Der gute Wirt hat neutral in allen Fragen zu sein, und wenn sich dann in Wahlzeiten die Lokalpolitik doch endlich wieder an sein

Gasthaus erinnert, dann hat man noch freudig zu danken und die Werbeplakate an die Schank zu kleben. Aber deshalb nicht gleich übermütig werden, lieber Wirt, und ja nicht glauben, dass so ein Politiker oder so ein Verein dich und das Wirtshaus braucht – etwa für Stammtischrunden oder Vereinszusammenkünfte. Nein, wenn der Wirt muckt oder der Bierpreis steigt, dann greift so mancher Politiker großzügig in den Fördertopf und zaubert ein Vereinslokal auf die grüne Wiese, oder ein Kulturhaus, oder einen Zubau zum Feuerwehrhaus, mit integrierter Schank und Profiküche, egal wie wir es nennen. Am besten gleich noch einen großen Saal dazu für die Veranstaltungen, das Catering machen sich dann die Vereine eh gleich selbst. Schließlich ist ja alles da. Rein gesetzlich wurde inzwischen auch schon wieder alles wasserdicht gemacht. Satte 72 Stunden haben Vereine für ihre Feste zur Verfügung. Was in der Praxis so aussieht, dass Vereine nun ruhig zum Beispiel eine ertragreiche sechsstündige Abendveranstaltung pro Monat abhalten dürfen. Ohne Steuern abzuliefern, ohne Mitarbeiter anzumelden, wohlgemerkt! Und das alles unterstützt mit Steuergeldern!

Jemand, der wegen dieser Ungerechtigkeit aufschreit, außer ein paar betroffener Wirte? Wohl kaum. Schließlich ist man selbst im Verein, und wer wird sich denn mit der Feuerwehr anlegen? Vielleicht steht bei mir im Keller ja auch mal das Wasser …

Ein Brief von Adi Werner

Adi Werner, Chef des berühmten Hotels Hospiz St. Christoph/Arlberg und Doyen der österreichischen Hotelier-Szene, verfasste im Jahr 2015 diesen Brief. Anlass: die damals für 2016 angekündigte Erhöhung der Mehrwertsteuer für Beherbergung von 10 auf 13 Prozent. Bilden Sie sich selbst ein Urteil, ob sich an den darin genannten Zuständen etwas geändert hat.

Herrn Vizekanzler Dr. Reinhold Mitterlehner

Nach Erhalt deines persönlichen Briefes und deines Ersuchens, ein „Feedback" zu geben, kommt das Feedback vom österreichischen Tourismus: Wir gratulieren zur „größten Parteireform aller Zeiten", und dass die ÖVP für Bewegung sorgt!!!

Leider merken wir österreichischen Touristiker von dieser Bewegung überhaupt nichts – denn seit Wochen bestürmen wir euch, die Wirtschaftskammer, den Wirtschaftsbund, die Westachse und die ÖVP-Landeshauptleute, einen Kompromiss zu finden – für die ungerechte, unfaire und einseitige Belastung durch die geplante 30%-Erhöhung – als „Luxussteuer", wie die inoffizielle Erklärung heißt. Da diese Steuer „eh" die reichen Urlauber bezahlen. Laut eurer Erklärung sind Urlaub und Nächtigung reiner Luxus! Andere Branchen könne man nicht belasten (belästigen), denn da sei die Mehrwertsteuer eine Massensteuer. Die Österreicher gehen aber massenhaft in Urlaub …

Sollte die ÖVP mit der größten Parteireform aller Zeiten keinen Kompromiss für den Tourismus finden –

dann laufen als Erste zehntausende Touristiker der reformierten ÖVP davon.

Aber vielleicht kommt doch bei euch ÖVP-Granden die Einsicht! Und der Flächenbrand gegen die ÖVP kommt zum Erlöschen.

Mit immer noch einem Funken Hoffnung
Adi Werner (seit 51 Jahren im Hospiz)

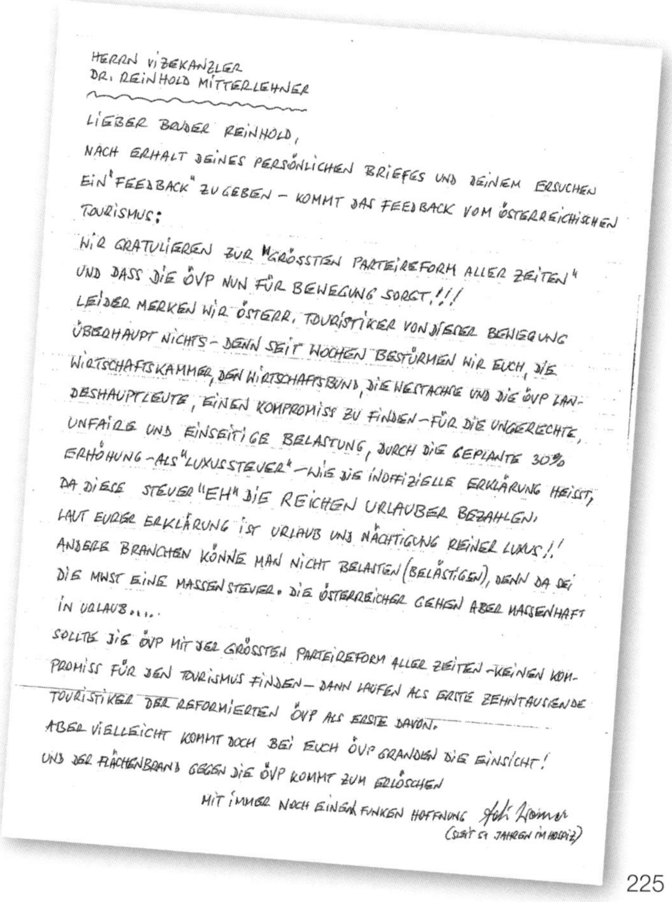

HERRN VIZEKANZLER
DR. REINHOLD MITTERLEHNER

LIEBER BRUDER REINHOLD,

NACH ERHALT DEINES PERSÖNLICHEN BRIEFES UND DEINEM ERSUCHEN EIN "FEEDBACK" ZU GEBEN – KOMMT DAS FEEDBACK VOM ÖSTERREICHISCHEN TOURISMUS:

WIR GRATULIEREN ZUR "GRÖSSTEN PARTEIREFORM ALLER ZEITEN" UND DASS DIE ÖVP NUN FÜR BEWEGUNG SORGT!!!

LEIDER MERKEN WIR ÖSTERR. TOURISTIKER VON DIESER BEWEGUNG ÜBERHAUPT NICHTS – DENN SEIT WOCHEN BESTÜRMEN WIR EUCH, DIE WIRTSCHAFTSKAMMER, DEN WIRTSCHAFTSBUND, DIE WESTACHSE UND DIE ÖVP LANDESHAUPTLEUTE, EINEN KOMPROMISS ZU FINDEN – FÜR DIE UNGERECHTE, UNFAIRE UND EINSEITIGE BELASTUNG, DURCH DIE GEPLANTE 30% ERHÖHUNG – ALS "LUXUSSTEUER" – WIE DIE INOFFIZIELLE ERKLÄRUNG HEISST, DA DIESE STEUER "EH" DIE REICHEN URLAUBER BEZAHLEN.

LAUT EURER ERKLÄRUNG IST URLAUB UND NÄCHTIGUNG REINER LUXUS!!

ANDERE BRANCHEN KÖNNE MAN NICHT BELASTEN (BELÄSTIGEN), DENN DA SEI DIE MWST EINE MASSENSTEUER. DIE ÖSTERREICHER GEHEN ABER MASSENHAFT IN URLAUB.....

SOLLTE DIE ÖVP MIT DER GRÖSSTEN PARTEIREFORM ALLER ZEITEN – KEINEN KOMPROMISS FÜR DEN TOURISMUS FINDEN – DANN LAUFEN ALS ERSTE ZEHNTAUSENDE TOURISTIKER DER REFORMIERTEN ÖVP ALS ERSTE DAVON.

ABER VIELLEICHT KOMMT DOCH BEI EUCH ÖVP GRANDEN DIE EINSICHT!

UND DER FLÄCHENBRAND GEGEN DIE ÖVP KOMMT ZUM ERLÖSCHEN

MIT IMMER NOCH EINEM FUNKEN HOFFNUNG Adi Werner
(SEIT 51 JAHREN IM HOSPIZ)

„Das Herz muss
Hände haben,
die Hände ein Herz."

Aus Tibet

VI. DAS AUCH NOCH!

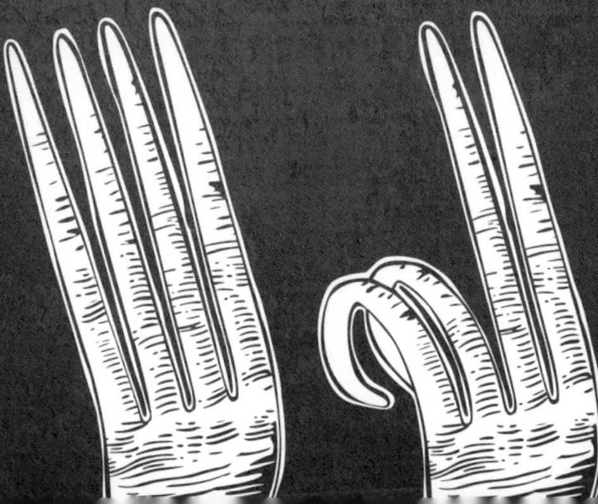

500.000 Arbeitslose

Konkurs-Statistik

„Sozialer Krankenstand"

tsfraß

Hans

er Fall

schrecklich & schön

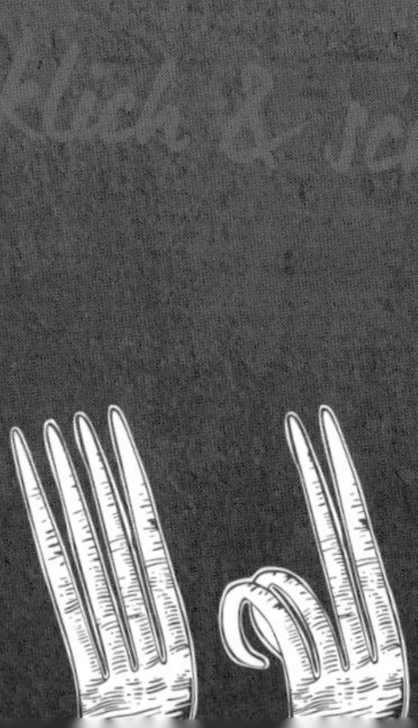

Nachdenkliche Heimfahrt, Nr. 1

Auf dem Weg vom „Josef" nach Hause. Ich fahre an einem Plakat vorbei, auf dem für eine Dinosaurier-Ausstellung geworben wird. Ach ja, die Riesenechsen … schon lange ausgestorben. – Und die Unternehmer in der Gastronomie, ihre Fachkräfte? Gibt's die bald auch nur mehr in Ausstellungen und auf Plakaten?

Der Zeitgeist – zumindest der, der zurzeit am lautesten zu vernehmen ist – spricht für ein Aussterben der guten alten Wirtshauskultur. Fast Food und Convenience sind angesagt. Angesichts dieser Tatsachen könnte man ja auch sagen: Klassische „gutbürgerliche" Wirtshäuser und Restaurants haben es eben verabsäumt, auf den allgemeinen Gastro-Trend aufzuspringen und all die „fortschrittlichen" Systeme zu nutzen, die Personal, Material und was weiß ich noch einsparen. Selber schuld.

Könnte man sagen, aber … ich mach' da sicher nicht mit! Dafür habe ich zu viel Zeit und zu viel Herzblut in die qualitätsvolle, ehrliche österreichische Küche und die damit einhergehende Kultur der Gastgeberschaft gesteckt. Ich bringe es nicht übers Herz, zuzulassen, dass jemals in meinem Lokal ein nicht der deutschen Sprache mächtiges Personal vorgefertigtes „Essen" in Plastikschüsseln über den Verkaufsschalter aushändigt. Diesen kulturlosen Einheitsfraß anzubieten, entspricht ganz einfach nicht meinem Verständnis von Gastronomie.

Denn, ist es nicht eine Perversion des Gasthaus-Gedankens, wenn …

» ... der Gast beim Minimieren der Personalkosten hilft, indem er selbst arbeitet und sich wie vor einer Kinokasse am Verkaufspult anstellt?
» ... die Gastro-Mitarbeiter wie Roboter agieren und nur einige Standardsätze von „Hallo" bis „Tschüss" beherrschen?
» ... undefinierbare, vorgefertigte, gleich portionierte und weltweit standardisierte „Meals", „Boxen" und „Combos" an die „Gäste" ausgegeben werden wie bei einer Fütterung?
» ... Bauern und andere Lebensmittel-Lieferanten bis auf die Unterhose ausgezogen werden und die Betriebe so zwangsläufig in die Produktion von Billigware aus Massentierhaltung getrieben werden?
» ... echte Gastfreundschaft durch PR-Kampagnen ersetzt wird und uns mit hippen TV-Spots und dummen Slogans eingeredet werden soll, dass mieses Essen und ebensolche Bedienung eh toll und cool wären?
» ... diese weltumspannend agierenden Fressfabriken wie selbstverständlich Millionengewinne machen und jegliche lokale Kleinstruktur, vom regionalen Produzenten bis zur traditionell gewachsenen Wirtshauskultur, zerstören?

Ja, das ist pervers. Und daran werde und will ich mich nicht gewöhnen. Selbst dann nicht, wenn mich jemand Dinosaurier nennt.

Ein Todes-Fall

In allen großen Tageszeitungen war es auf den Titelseiten zu lesen: Ludwig*, der vor Energie sprühende, angesehene und gefeierte Hotelier, tot! Gefunden am Fuße des Dachsteins. Welch ein Unglück, schrieben die Zeitungen!

Ein Unglück in der Tat, aber eines, das schon viel früher begonnen hatte. Und eine Tragödie, die uns, seinen Gastro-Kollegen, Mitstreitern und Freunden, die dunklen Seiten unseres Berufes mit aller Wucht vor Augen führt. Als erfolgreicher Gastronom und Hotelier ist man es gewohnt, im Mittelpunkt zu stehen. Die Gourmet-Jünger pilgern in die Häuser der Sternechefs, Häuser, die man nicht umsonst auch „Tempel" nennt. Die Gäste strömen in die Wirtshäuser, weil dort der XY so herrlich kocht und lustig auf der Harmonika spielt. Sie lassen sich auf Almhütten tragen, weil dort die Jakobsmuscheln so gut zum Sonnenuntergang passen. Das schmeichelt, das macht stolz, das lässt dich schweben. Umso härter fällt, wer jedoch die Tribute der gastronomischen Attraktivität verliert. Nicht nur der wirtschaftliche Niedergang schmerzt, auch und vor allem der rücksichtslose Entzug so ziemlich aller Aufmerksamkeiten und der damit verbundenen Annehmlichkeiten, die einem von Gästen und Medien bisher so reichlich geschenkt wurden. Freunde? Die hat man meist auf dem Weg nach oben hinter sich gelassen. Keine Zeit, man kennt das ja. Also niemand da, dem man sein Herz ausschütten kann, während man gleichzeitig als perfekter Gastgeber natürlich stets Rat und Tat für

* Name geändert

andere parat hat. Die „Lösung"? Noch mehr arbeiten. Das Hamsterrad dreht sich, bis es glüht ... und dann ... oft der Zusammenbruch. Nichts geht mehr. Und für manche – erschreckend viele in unserer Branche – scheint dann nur mehr der absolute Schlussstrich eine Lösung zu sein. In den einschlägigen traurigen Selbstmord-Statistiken befinden sich Gastronomen und Hoteliers meist sehr weit vorne.

Und der Ludwig? Von außen betrachtet, war er zu beneiden. Mit seinen beiden imposanten Hotels hatte er einer touristisch eher verschlafenen Region neues Leben eingehaucht und sich zum verlässlichen Motor dieser Entwicklung gemacht. Bauern, Fleischer, Brauereien, Tourismusverbände – alle profitierten von Ludwigs Elan. Auch die Politik prahlte mit gigantischem Nächtigungsplus und den vielen zusätzlichen Arbeitsplätzen – alles zum großen Teil Ludwigs Engagement zu verdanken. Als erfolgreicher Hotelier hielt er hochgeschätzte Vorträge, war bei Interviews für Fernsehanstalten, Fach- und Szenemagazine ein glänzendes Aushängeschild seiner Zunft.

Das war die eine Seite von Ludwig. Wir kannten aber auch die andere: Der hohe Einsatz, das große Risiko, das wahnsinnige Tempo – all das forderte seinen Tribut von Ludwig. Wirtschaftlich, familiär, psychisch. Doch das wollte, das durfte Ludwig nie zeigen. Nicht vor seinen Mitarbeitern und Bewunderern, nicht vor der nach Erfolgstypen lechzenden Szene, nicht vor seinen Freunden. Ja, wohl nicht einmal vor sich selbst.

Bis vielleicht eines Tages der Moment der Erkenntnis kam. Und die Angst vor dem gesellschaftlichen und wirtschaftlichen Absturz größer wurde, als vor jenem Fall, der ihm letztlich das Leben kostete.

Nachdenkliche Heimfahrt, Nr. 2

Zwei Uhr früh. Auf entspannender 30-Minuten-Heimfahrt nach einem sehr, sehr langen Gastro-Arbeitstag. Nochmals die Arbeit des vergangenen Tages im Geiste Revue passieren lassen: Gut 80 Prozent meiner Zeit hatte ich heute mit Mitarbeitern und Behördenkram zu tun. Eigentlich nicht nur an diesem Tag, eigentlich immer. Irgendwie erschreckend: Lediglich 20 Prozent meiner Arbeitszeit kann ich direkt dem wichtigsten, elementarsten Teil meiner Arbeit widmen: unseren Gästen.

Ich hatte mich mal wieder maßlos darüber geärgert, dass wir – so wie die meisten in unserer Branche – keine Mitarbeiter bekommen. Die umsatzstarke Weihnachtszeit war im Anflug, endlich hatten wir – nach einigen eher ruhigen Monaten – wieder mal gutes Geschäft. Die Gäste stürmten unser Restaurant … aber Mitarbeiter waren einfach nicht zu bekommen. Und damit meine ich nicht nur ausgebildete, engagierte Köche oder Kellner, sondern nur irgendwelche. Das bei knapp 500.000 Arbeitslosen! Wir könnten jetzt Umsatz machen, die Gäste betteln nach Getränken und guter Küche, wollen ihr Geld ausgeben… was fehlt, sind die arbeitswilligen Mitarbeiter. Klingt pervers, ist aber Realität.

Auf der nächtlichen Heimfahrt denke ich an jene längst vergangenen Zeiten, als ich noch ein junger, unbeschwerter und engagierter Küchenchef war. Als frischgebackener „Haubenstar" konnte ich mich damals vor Bewerbungen an Koch- und Servicetalenten nicht retten. Junge, hungrige Absolventen, die weiterkommen wollten, waren nicht Ausnahme, sondern Standard. Paradiesische Zustände für Gastro-Betriebe, die auf Qualität setzten. „Wenn der Schüler reif ist, wird er den Meister aufsuchen“ – dieser Spruch aus meiner aktiven Karate-Wettkampfzeit geht mir durch den Kopf. Wissbegierig, wie ich zu dieser Zeit war, hatte ich Reisen nach China in die Heimat der Shaolin-Mönche unternommen, um deren Kampfkunst zu studieren. Auch als junger Trompetenspieler in der örtlichen Blasmusikkapelle hatte ich meine Musikmeister, sprich: -lehrer, aufgesucht … okay, manchmal auch auf leichten Druck meiner Eltern, aber immerhin. Meistens hatte mich diese Weiterbildung viel Freizeit, aber in jedem Fall mein spärliches Selbstverdientes gekostet.

Später dann las ich in der Fachpresse von einem neuen Küchentrend in deutschen Top-Restaurants, von der heute berüchtigten „Nouvelle Cuisine“. Ich hörte von einem gewissen Eckart Witzigmann, dem österreichischen „Küchengott“ im Münchner Restaurant Aubergine, erfuhr von dem mit zwei Michelin-Sternen dekorierten Meisterkoch Gerhard Gartner im Restaurant Gala in Aachen, vom Sterne-Chef Bertold Siber im Stephanskeller in Konstanz am Bodensee. Zum legendären Eckart Witzigmann war ich zuvor schon öfters gepilgert und hatte mir trotz meines gar nicht üppigen Lohns eines seiner mehrgängigen Mittagsmenüs geleistet. Überglücklich wie ein Kind vor dem Weihnachtsbaum war ich dann, wenn der große Starkoch höchstpersönlich nach dem Essen an unseren Tisch kam, um sich kurz mit uns „Würschteln" zu unterhalten. Wäre Ringo Starr von den Beatles vorbeigekommen, ich hätte mich wohl nicht besser gefühlt, als beim Plausch mit Witzigmann. Einen meiner ersten selbst verdienten Urlaube verbrachte ich mit intensiver kochtechnischer Weiterbildung bei Gerhard Gartner in Aachen, mit dem legendären Steirereck-Küchenchef Helmut Österreicher absolvierte ich Trainingslehrgänge bei der elsässischen Kochlegende Emile Jung aus dem Au Crocodile in Straßburg. Auch dem großen Meister Dieter Müller war ich für einige unbezahlte Trainingslehrgänge in seine mit Auszeichnungen überschüttete Schweizer Stuben in Wertheim bei Frankfurt gefolgt. Einer meiner absoluten Heroen damals war jedoch Koch-Doyen Werner Matt vom Wiener Hilton, der Vater der „Neuen Wiener Küche". Wann immer irgendwie möglich, kehrte ich meinem jungen Haubenrestaurant den Rücken, um in seinen Töpfen zu „spionieren" und zu lernen. Was war das für eine geile Zeit! Ich wollte alles kennenlernen und sog das Wissen auf wie ein trockener Schwamm.

Natürlich wurde auch meine jugendliche Begeisterung mit den Jahren jäh gebremst. Das gesellschaftliche Umfeld, die Auflagen und Vorschriften wurden mehr und mehr. Der wirtschaftliche Höhenflug war vorbei. Und schließlich kam auch der Gerichtsvollzieher zu Besuch. Ein ständiges nervenaufreibendes Bemühen, das fehlende Geld für die monatlichen Steuern und die horrenden Beiträge der Gebietskrankenkasse aufzutreiben – alles unter ständiger Androhung einer Konkurseröffnung. Wäre meine Frau als ehemalige Bankangestellte damals nicht so smart und erfahren im Umgang mit „Geldeintreibern" gewesen, würde auch ich – wie tausende bereits „verwichene" Gastro-Kollegen – die Konkursstatistik „bereichern". Noch heute kommen die – mittlerweile pensionierten – Inkassobeamten als Gäste in mein Lokal. Dann erzählen sie mir offen, dass es unsere Verlässlichkeit und vor allem unser unbändiger Wille war, das ausstehende Geld aufzutreiben, die sie damals zur Rücksichtnahme bewogen. Und dann wird mir wieder klar, wie knapp, wirklich arschknapp ich damals am wirtschaftlichen Kollaps vorbeigeschrammt bin!

Heute frage ich mich: Wo sind diese jungen Leute, die lern- und wissbegierig sind, Engagement mitbringen und ganz nach oben kommen wollen, wie wir damals? Heute muss man schon froh sein, in der Gastronomie überhaupt „irgendwelche" Mitarbeiter zu bekommen. Zum Beispiel jene von Personalleasing-Unternehmen. Auch ich muss immer wieder auf diese zurückgreifen. Und gerade heute – kurz vor Beginn des Weihnachtsgeschäfts – hat einer von ihnen das Handtuch geworfen. Ich müsse das verstehen, meinte der Personalleasing-Boss, so viel wie bei uns hätte der noch nie in seinem Leben gearbeitet. Er könne daher auch keine weiteren Arbeitskräfte schicken, die würden das wohl auch nicht schaffen. Nicht ganz verständlich für mich, denn im Gegensatz zu den Stammmitarbeitern darf das Leasingpersonal nur maximal acht Stunden arbeiten, inklusive Anreise und Pause, und das für gar nicht wenig Geld. Dabei konnte ich diese „Fachkräfte" nicht einmal zum Kassieren einsetzen, denn mit einem in der Gastrobranche durchaus üblichen „Orderman" (ein Gerät zur elektronischen Bestellaufnahme) und mit PC-Kasse konnten sie nicht umgehen.

Wenn es nur die geleasten Mitarbeiter wären: Kürzlich sind auch zwei „normale" Küchenmitarbeiter aufgrund Überlastung in den „sozialen Krankenstand" geflüchtet. Am Tag vor dem „gesundheitlichen Einbruch" waren sie noch mit Kollegen ausgiebig feiern gewesen. Doch während die einen am nächsten Tag pünktlich zur Arbeit erschienen, blieben die beiden Küchenhelfer zu Hause im Bett. Offensichtlich eine sehr heimtückische, langwierige Krankheit, denn die Unpässlichkeit zog sich hin. Kein Grund für die beiden, sich Sorgen zu machen: Die ersten 42 Tage im Krankenstand werden ohnehin vom Unternehmen übernommen, die Kosten für die Ersatzarbeitskraft selbstverständlich auch. Erst ab dem 43. Tag zahlt die gesetzliche Sozialversicherung. Und wir wären nicht in Österreich, bliebe nicht auch der Urlaubsanspruch während der Krankenstandstage aufrecht. Eine unheilige Arbeitsbeziehung, die allzu oft mit der zweiwöchigen gesetzlichen Kündigungsfrist endet. Innerhalb dieser Kündigungsfrist wird dann noch der – teilweise auch im Schein-Krankenstand „wohlerworbene" – Urlaub konsumiert.

Morgen werden jedenfalls wieder – wie so oft – die verlässlichen Stammmitarbeiter einspringen müssen, um den Laden zu schupfen. Man kennt die auf diese Weise operierenden „Kollegen" mittlerweile nur zu gut und ist dementsprechend sauer auf sie – aber was hilft's? Zähne zusammenbeißen und durch!

So, aus, Schluss jetzt! Die Garage verschlingt mich samt Auto. Ich freu' mich auf mein Bett. Nicht ohne vorher noch die Tageszeitung von heute – äh, gestern zu lesen, eine kleine stille Jause zu mir zu nehmen und nebenbei die vielen Facebookanfragen zu beantworten. Halb drei Uhr morgens, meine Frau schläft schon tief. Um sie nicht zu wecken, schlafe ich in der Weihnachtszeit im Wohnzimmer. Ein ganz normales Gastro-Nomadenleben, bei dem Tag und Nacht ineinander verschwimmen. Schrecklich. Aber gleichzeitig auch schrecklich schön. Gute Nacht!

Das „Josef"-Weihnachts-Logbuch

www – Weihnachts-Wirtshaus-Wahnsinn: Auszüge aus meinem *„Josef"-Weihnachts-Logbuch,* in dem ich in regelmäßigen Internet-Beiträgen über die „(Vor-) Weihnachtszeit" in meinem Lokal „Josef" berichtete.

UNS WURSCHT!

FREITAG, 22. November, um 0:15 Uhr

Meine Mitarbeiter haben drei Gäste, die dicke Zigarren im Nichtraucherraum gepafft haben, auf das Rauchverbot hingewiesen! „Uns wurscht", war die Antwort, „jetzt löschen wir die Zigarre auch nicht mehr!" Auch einen Lokalverweis ignorierten sie. Nachdem sie auch drei Securitys nicht beeindrucken konnten, rief ich die Polizei. Der zuständige Beamte der Sicherheitszentrale am Telefon: „Wir sind nicht dazu da, für euch die Rausschmeißer zu spielen!"

(Nachtrag: Bei der Heimfahrt um 4.00 Uhr früh wurde ich bei einem Planquadrat von neun Polizeibeamten gecheckt und musste einen Alkotest über mich ergehen lassen. Jetzt weiß ich, wo die alle waren!)

KEKSERL UND TOPF-VANDALEN

SAMSTAG, 23. November, um 5:05 Uhr

Erster „Josef"-Kekserlmarkt im „Josef"-Gastgarten! An die 3.000 Besucher, die einige hundert Kilo handgemachte Kekse (insgesamt 180 Sorten) mit nach Hause nahmen. Anschließend Jugendball mit etwa 1.200 Gästen. (Die „Josef"-Crew hat sich an diesen Tagen großartig geschlagen, danke!) Die vielen top gekleideten jungen Leute, das hat richtig Klasse! Keine Klasse hatten die drei Burschen, die auf der Landstraße unsere Blumen aus den Töpfen gerissen und die Erde vor dem Eingang verstreut haben. Wie (fast) jede Woche werden wir wieder neue einsetzen müssen.

40 METER FRÜHSTÜCK

SONNTAG, 24. November, um 7:00 Uhr

Gerade eben (5.05 Uhr) ist die Abendcrew nach Hause gegangen, schon beginnt die Putztruppe die rund 1.400 Quadratmeter des „Josef“ zu reinigen. Um 7.00 Uhr ist Dienstbeginn für die Morgencrew, die 40 Meter Frühstücksbuffet sind restlos mit 360 Gästen ausreserviert! Leider kein Platz mehr beim Sonntagsfrühstücksbrunch! Eigentlich super für das „Josef“, aber viele wollen das nicht verstehen und machen bei unserer Reservierungscrew Druck.

Ich war bei der Abendcrew, sitze jetzt beim Frühstück zu Hause (15.30 Uhr), gleich geht's ab ins „Josef“, heute zum zweiten Mal. Tanzmusik beim Fünfuhrtee mit den „Jupiters“! Hoffentlich hat meine Assistentin die SMS-Einladungen rausgeschickt, hoffentlich sind die Jungs von der Abendcrew ausgeschlafen, hoffentlich ... In 31 Tagen ist Heiliger Abend, bis dahin ... Vollgas!

RESTLOS AUSRESERVIERT

MONTAG, 25. November

Wie die Ruhe vor dem Sturm. Wir haben unser Kaffeehaus „Kaufmann's“ geschlossen, um einigen Mitarbeitern die Möglichkeit zu geben, sich noch mal zu erholen. Die nächsten Tage ist nur mehr am WC Platz, jeder Raum restlos ausreserviert! Eine Unmenge an verschiedenen Bestellungen ist zu organisieren. Dienstpläne für 60 Mitarbeiter zu schreiben.

Okay, viele denken, wir sind Kellner oder Köche, in Wirklichkeit ist es höchste logistische Perfektion, nie zu viel, aber auch nie zu wenig Lebensmittel im Haus zu haben, um die absolute Frische zu bieten.

WC-DISKUSSIONEN & RAUCHERSHERIFF

DIENSTAG, 26. November, um 0:18 Uhr

Eben eine Beschwerde erhalten: Unser „internationales WC-Schild“, auf dem neben vielen anderen auch der Begriff „Scheißhaus“ zu lesen ist, hat einer Dame nicht gefallen! Tut mir leid, die meisten lachen aber darüber. Nicht lachen können wir über den Gast, der gerade die WC-Deckel abgerissen hat, nicht lachen kann auch Peter, dessen Tisch sich soeben nach vier Cola-Whisky und elf Bier ohne zu zahlen verabschiedet hat. Erfreulich waren wiederum die Pressekonferenz mit Bierpapst Conrad Seidl, die Sparvereins-Weihnachtsfeier, der Besuch der Food & Beverage Akademie ...

Ach ja: Bereits zum zwölften Mal heuer tauchte die Behörde im „Josef" auf, weil ein Rauchersheriff Anzeige erstattet hatte. Jeder dieser Anzeigen (sie kommen immer von derselben Person) muss nachgegangen werden. Andernfalls droht wiederum der Behörde eine Amtshaftungsklage. Auch die hatte „mein" Rauchersheriff bereits veranlasst. Nach der Kontrolle hieß es aber: Alles okay! Welche Arbeit für die Behörden und damit, welche Kosten dieser Raucher-Spitzel produziert, daran mag ich gar nicht denken. Ich kann meine Kollegen verstehen, wenn sie die Nase voll haben und ganz zusperren wollen! Wenn es keine Wirtshäuser mehr gibt, wird dem Rauchersheriff aber sehr fad werden!
... noch 28 Tage bis zum Heiligen Abend :-)

400 SESSEL BESETZT

DIENSTAG, 28. November, um 2:45 Uhr

Heute war es etwas ruhiger, aber jeder Sessel im „Josef" hatte seinen Gast und das sind ja immerhin an die 400. Stammtisch des „Linzer Zigarrenclubs", der als Weinverkostung geendet hat! Morgen ... äääh heute ... Abend sind acht Veranstaltungen reserviert mit acht verschiedenen sechs- bis achtgängigen Menüs – eine logistische Höchstleistung für unser Team.

1.500 HEKTOLITER BIER

MITTWOCH, 29. November, um 2:12 Uhr

Heute möchte ich euch unseren Bierkeller vorstellen: Laut Brau Union der modernste Österreichs. Wir nennen ihn liebevoll „Intensivstation". Mit ca. 1.500 Hektoliter Jahresverbrauch gehört das „Josef" zu den größten privaten Abnehmern der Brau Union. Ein Tankwagen hat heute schon um 6.00 Uhr früh an die 5.000 Liter Zipfer Bier angeliefert und in die Tanks gepumpt.

Das „Josef“-Bier wird extra für uns in der Brauerei Wieselburg nach tschechischem Rezept gebraut und in 50-Liter-Fässern angeliefert, Weizen, Radler kommen in 25-Liter-Fässern. Pro Tag werden etwa an die 3.000 Halbe, Seiterl oder Pfiff gezapft, serviert, abserviert, in den Gläserkorb gegeben, aus dem Gläserkorb genommen und ins Regal gestellt. Macht – nur für die Biergläser! – an die 18.000 Handgriffe pro Tag. Dazu kommen natürlich noch Gläser für Wein, Alkoholfrei und Spirituosen.

Morgen ... äääh ... heute Abend sind wir wieder restlos ausgebucht. Nach Dienstschluss werden noch schnell einige Räume gedeckt, um dem Tagesteam den Job etwas zu erleichtern. Für die Veranstaltung „Weinherbst“ im Palais heute Nachmittag erwarten wir an die 300 Weinfreaks. Wo wir die alle nur unterbringen? Na, irgendwie geht's immer!

MEETING MIT SIXPACKS

FREITAG, 30. November, um 5:44 Uhr

Das erste Mal Schnee bei der Heimfahrt ins Mühlviertel! Ein schöner Abend, viele Freunde waren zu Gast! Wieder volles Haus, vom „Weinherbst-Fest“ im Palais kamen viele Gäste ins „Josef“, es war sehr schwierig, Platz zu finden. Wie jeden Tag kurz vor dem Abendgeschäft ein kurzes Meeting mit der Servicemannschaft: Jede einzelne Weihnachtsfeier des kommenden Abends wird genau durchgesprochen, Fehler vom Vortag werden aufgezeigt. Darauf legt unser Teamleiter großen Wert. Die „Sixpack-Winzer“ schauten nach dem „Weinherbst“ noch im „Josef“ vorbei! Seit vielen Jahren begleiten wir dieses geniale Team und sind jedes Mal stolz, wenn sie bei uns zu Gast sind!

AUTSCH!

SAMSTAG, 30. November, um 5:41 Uhr

Der letzte Samstag im November: Der Kekserlmarkt lief wieder sensationell gut, geschätzte 6.000 Besucher! Neben den vielen Weihnachtsfeiern und dem ausreservierten Lokal steigt im Palais auch noch ein Ball. Das bringt mit Sicherheit einen Gästeansturm. Heute der erste Ausfall eines Küchenmitarbeiters: beim Messerschleifen zwei Sehnen an den Fingern durchgeschnitten.

Er wird für sechs Wochen ausfallen. Die besten Wünsche für ihn. Nächster Zwischenfall: Ein Kellner hat sich den Stiel eines kaputten Glases durch die Schuhe gestochen. Wir mussten ihn verarzten, Gott sei Dank aber keine schlimme Verletzung. Die Teilnehmer einer großen Weihnachtsfeier mit mehr als 100 Gästen loben Küche und Service in höchsten Tönen. Am Ende bleibt nicht mal ein einziger Euro für das hochgepriesene Team auf dem Tisch ... Unser DJ spielt die X-Mas-Hitparade rauf und runter. „Last Christmas" und Co. werden wir in den nächsten 24 Tagen wohl noch oft hören. Die ersten Spritzkerzen flimmern im Lokal, doch so richtige Weihnachtsstimmung will noch nicht aufkommen.

HAMDI IN THE HOUSE!

SONNTAG, 1. Dezember, um 1:17 Uhr

Hamdi ist wieder im „Josef"! Seit mehr als fünf Jahren jobbt der tunesische Animateur im Winter im „Josef" an der Bar. Im Sommer ist er in Griechenland im Einsatz. Legendär sein „Kopfschmuck", und wer ihn frühmorgens an der Bar in Aktion sieht, weiß, wie ein ordentlicher Sixpack aussieht ... Hamdi, wir freuen uns, dass du wieder da bist!

Es war – wie jeden Sonntag – mit mehr als 300 Gästen ausreserviert. Traurig: 40 der reservierten Plätze sind leer geblieben. Die Leute sind einfach nicht gekommen, ohne Anruf, ohne SMS oder sonst eine Nachricht. Nicht nur ärgerlich für uns, sondern ein realer Verlust: Wir schicken jeden Sonntag an die 50 Gäste weg und halten die Tische frei für Leute, die dann ohne Absage nicht eintreffen.

FLUCHTWEG FÜR NICHTRAUCHER?

MONTAG, 2. Dezember, um 0:43 Uhr

Endlich wurde die Tür zum rauchfreien Zugang in unser Nichtraucherrestaurant geliefert! Okay, wir sind spät dran, aber die dicke Mauer für die Tür wurde schon vor Monaten rausgestemmt ... gleich nachdem das neue Gesetz erlassen wurde. Gesamtkosten etwa 8.500 Euro! Jetzt stellen sich die nächsten Fragen: Benötigen wir im Nichtraucherzugang auch eine Fluchtweg-Beleuchtung? Flüchten Nichtraucher durch den Nichtraucherausgang und Raucher durch den Raucherausgang? Also, ab heute eine weitere, vierte Tür auf- und zuzusperren. Und außerdem: Unsere Empfangsdame mit dem Reservierungs-PC steht ja beim Rauchereingang. Brauchen wir jetzt bei Abenden mit Musikacts zwei Eintrittskassen und zwei Securitys?

Was tun, wenn der Nichtraucherbereich ausreserviert ist? Okay, kommt eh bald ein totales Rauchverbot und wir müssen dann wieder alles zubetonieren.

200 À LA CARTE IN 90 MINUTEN

MITTWOCH, 4. Dezember, um 0:53 Uhr

Gestern Dienstag wenige Reservierungen. Wir gaben einigen Mitarbeitern frei. Und dann plötzlich: Das Lokal innerhalb einer Stunde brechend voll. 200 À-la-carte-Essen in 90 Minuten – der absolute Wahnsinn! Sorry, lieber 200. Gast, dass du vielleicht etwas länger warten musstest. Für Donnerstag, Freitag und Samstag sind wir abends wieder ausreserviert, diesmal aber perfekt gerüstet. Ein zweites Mal passiert uns das nicht!

BITTE AN DER GARDEROBE ABGEBEN!

DONNERSTAG, 5. Dezember, um 4:04 Uhr

Es gibt Tage, da wünscht' ich, ich wär' ... kein Wirt. Meistens am Ende der Weihnachtszeit ... aber wir haben noch 18 Tage! Schon bei Dienstbeginn: „Schöne Grüße vom Lebensmittelinspektor!" Der Rauchersheriff hat ihn wieder mal geschickt, ich zähl' nicht mehr mit. Nie etwas gefunden, alles okay, aber der arme Inspektor muss jedes Mal Lebensmittelproben ziehen, wenn ihn die Raucherstasi schickt.

Ein großartiger Tag (Abend), das ganze „Josef" restlos voll, an die 350 Gäste, alle wie so oft auf einmal gekommen. Großartige Leistungen von Küche und Service! Danke.

Warum hat eigentlich niemand Lust, seine Garderobe abzugeben? Es kostet nichts, ist sicher und rauchfrei! Die Tische so wunderbar gedeckt, Gläser, Besteck, Platzteller, Tischschmuck, und dann hängt jeder seinen nassen Mantel über den Sessel. Sitzt man zu Hause auch mit der Jacke bei Tisch?

Ach ja, Krampus und Nikolo waren auch da!

Und dann war noch der betrunkene junge Bursche, der ohne zu zahlen gehen wollte. Unser Stationskellner ist ihm auf die Landstraße nachgelaufen, wurde beleidigt und mit Schlägen bedroht.

Beschimpfungen auch für einen unserer besten Mitarbeiter. Der Grund? Weil er kein Österreicher ist! Verdammt, gibt es überhaupt kein Benehmen mehr? Meine Mitarbeiter reißen sich die Haxen für die Gäste aus und müssen sich dann noch von diesen Typen beschimpfen lassen!

ZIEMLICHES DURCHEINANDER

FREITAG, 6. Dezember, um 4:19 Uhr

Wieder ein Tag und eine Nacht zu Ende! Volles Haus. Einmal 130 Gäste, einmal 65 Gäste, 20 Gäste, noch mal 24 Gäste mit Weinprobe, die kleineren Gruppen zähle ich nicht mehr!

War kein so guter Tag, bin nicht zufrieden … die große Gruppe mit drei Menüs, Fisch, Fleisch und Vegetarisch … okay. Zuerst 40 Fische serviert, dann 75 Steaks, dann den Rest Vegetarisch. Die einen haben fertig gegessen, die anderen haben gewartet, deren Essen wurde kalt. Ein ziemliches Durcheinander, wenn man sich nicht auf eine Hauptspeise festlegt. Perfektes Essen und Service zu bieten, ist in so einem Fall fast unmöglich, irgendwer ist da immer unzufrieden. Die anderen Gruppen kamen natürlich wieder gleichzeitig. Die Burschen in der Küche waren voll im Stress!

Bei der 65er-Gruppe sind einige Hauptspeisen am Buffet ausgegangen, darf nicht passieren. Die Gäste neben der Tür beschwerten sich, dass durch den Punsch-Empfang im Freien die Außentür allzu oft geöffnet wurde und es kalt reinginge. Versteh ich. Eine Runde Schnaps aufs Haus, alles okay! Martin als DJ war wieder genial, gute Stimmung, wir vom „Josef“ freuen uns immer, wenn er auflegt. :-)

Die Heimfahrt ins Mühlviertel durch die tief verschneite Landschaft – ein Abenteuer! Der Schneepflug fährt meistens nach mir.

Heute Morgen wieder Kekserlmarkt mit tausenden Gästen. Ich bin froh, dass unsere Tagescrew unter der Leitung meines Sohnes das super schaukelt. Kann ich ein wenig länger schlafen. :-) Stille Nacht ...

SCHANKANLAGE: NICHTS GEHT MEHR!

SAMSTAG, 7. Dezember, um 4:33 Uhr

Heute mal früh heimgekommen. Hatten den Gastro-Supergau: Alle unsere Getränke – Bier, Alkoholfrei, Spirituosen, Spritzer usw. – werden durch eine moderne, sündteure Schankanlage portioniert, registriert und gezapft. Wenn die ausfällt, geht nichts mehr. Und genau das ist heute passiert, natürlich in der stärksten Zeit des Jahres! Ein Techniker musste extra von Zell am See herbeieilen, tausend Dank für die Reparatur.

Auch unser ägyptischer Blumenverkäufer nascht am Weihnachtsgeschäft mit. Manchmal wünschte ich, unsere Kellner würden auch so gut verkaufen wie er ...

EWIGES LICHT

SONNTAG, 8. Dezember, um 22:07 Uhr

Heute Morgen haben wir – wie eigentlich im ganzen Dezember – beim Verlassen des „Josef" das Licht nicht abgedreht. Denn wenn die Servicecrew geht, kommt die Putzbrigade, danach treffen die Produktionsköche ein, im Anschluss kommt das Tagesteam ... und ab 17.00 Uhr geht's am Sonntag mit dem Fünfuhrtee los!

SO RICHTIG MÜDE

MONTAG, 9. Dezember, um 2:16 Uhr

Noch 14 Tage ... heute bin ich das erste Mal so richtig müde! Kurzer Besuch vom einzigen Linzer „Original Weihnachtsmann" Fredi. Parallel neben rund 100 À-la-carte-Essen das traditionelle Weihnachtstreffen der oberösterreichischen Weinbrüderkomturei. Nach fast 30 Jahren gab es wieder mal „gefüllte Weintrauben", ein legendäres Gericht aus der alten „Allegro"-Zeit.

AUSGERECHNET HEUTE: LIFTWARTUNG!

MITTWOCH, 11. Dezember, um 2:10 Uhr

Nachdem ich sehr spät nach Hause gekommen war, hatte es nicht wirklich Spaß gemacht, nach nur einigen Stunden Schlaf wieder in die Arbeit zu fahren. Doch ich wollte pünktlich sein, denn eine Gruppe hatte einen Tisch reserviert und um eine Haus- und Kellerführung gebeten. Allerdings: Die Gruppe hatte sich im Tag geirrt! Umsonst aufgedeckt, abserviert, andere Gäste weggeschickt, umsonst den viel zu kurzen Tiefschlaf abgebrochen.

Heute war unser Lift für etwa 1 Stunde gesperrt, die jährliche Liftwartung wurde ausgerechnet im Dezember durchgeführt. Für morgen hat sich die Überprüfungsstelle der Liftwartung angesagt. Ja, so etwas gibt es auch! Und auch die monatliche Gebühr von 15 Euro für die Notrufklingel wird für so manchen neu sein.

Um 9.00 Uhr vormittags wird die feuerpolizeiliche Kontrolle durch das Magistrat Linz durchgeführt: Brandmelderkontrolle, Fluchtwegkontrolle, Feuerlöscher usw. Ist ja wichtig und ich bin froh, wenn sie da waren: Aber muss das morgens um 9.00 Uhr sein, wenn ich gerade erst richtig eingeschlafen bin, und mitten in der hektischsten Zeit des Jahres?

Volles Haus, viele Wirtshaustapas serviert, die sind echt ein Hit! Morgen Donnerstag ist ab 14.00 Uhr das ganze „Josef" und das „Kaufmann's" wegen einer richtig großen Weihnachtsfeier mit 450 Gästen geschlossen. Wir haben schon heute einige Abteilungen aufgedeckt, um ja rechtzeitig fertig zu werden. Die Küche arbeitet auf Hochtouren, ein minutiöser Zeitplan muss eingehalten werden, um ja alle Gerichte rechtzeitig fertig zu bekommen. 450 Tapas-Türme! Heißt: 1.350 Tapas anrichten, nicht zu früh, nicht zu spät! 450 Alkoholfrei-Gläser, 450 Weingläser, an die 600 Seiterlgläser, etwa 400 halbe Gläser und so weiter, und so weiter. Dazu einige tausend Teller, Besteck, die alle rasch wieder gewaschen werden müssen, weil sie ja am Freitag wieder benötigt werden.

Logistische Wundertaten werden da vollbracht, kein Kühlhaus fasst diese Lebensmittel für eine einzige Woche, fast tägliche Anlieferungen sind notwendig! 18 Köche arbeiten alleine in der Küche des „Josef", an die 28 Kellner arbeiten im Service, dazu Abwäscher, Speisenträger, Reinigungsmitarbeiter, Empfangsdame, Garderobe und – ganz wichtig – unsere Officedamen! Letztere wickeln die unzähligen Reservierungen in der Weihnachtszeit ab.

DER LETZTE GEHT UM 5 UHR FRÜH

DONNERSTAG, 12. Dezember, um 6:24 Uhr

Das Unwichtigste zuerst: Wir haben eine neue Regierungsmannschaft!

Heute war das „Josef" für eine geschlossene Weihnachtsfeier mit 450 Gästen gesperrt. Der arme Security-Mitarbeiter am Eingang! Bitte, liebe „Josef"-Freunde, es kommt nicht wieder vor! Äh ... außer am 21. Dez., da haben wir noch mal geschlossen!

Höchstleistung war von unseren Mitarbeitern heute gefordert: Gleich nach dem Mittagsgeschäft musste innerhalb von zwei Stunden für 450 Gäste umgedeckt werden.

„Befehlsausgabe" unseres Restaurantleiters, Manöverkritik vom Vortag und Einstimmen auf die neuen Gäste! Großeinsatz für die Küche, vier Buffets beliefern, vorlegen, nachfüllen und wegräumen, dann noch mal Dessertbuffet und Käse und um Mitternacht feurige Gulaschsuppe. Um 5.00 Uhr früh ist der letzte Gast gegangen. Kompliment an die ganze Firma, lauter liebenswürdige Gäste, alle nett. Es wurde unwahrscheinlich viel kommuniziert, es gab gute Stimmung und keine Betrunkenen, da macht Gastronomie Spaß. Auch unseren Mitarbeitern!

Beim Heimfahren noch ein kurzes Telefonat mit meinem Freund auf Phuket. Es hat da 32 Grad, und das bei blauem Himmel ... Ich komme bald – bis Ostern sind es ja nur mehr vier Monate!

Ich muss jetzt schlafen, in drei Stunden kommt bereits der Elektriker, da meine private Heizung kaputt ist … ach ja, ist ja Freitag, der 13.!

---

600 EURO TRINKGELD

FREITAG, 13. Dezember, um 6:15 Uhr

14 Weihnachtsfeiern heute und etwa 150 À-la-carte-Essen am Abend. Neuer Rekord einer Gruppe, die schon mittags ihre Feier startete und dann in unsere Bar wechselte. Kurz vor Mitternacht, nach zwölf Stunden „Josef“, verließ die mittlerweile schon recht lustige Gruppe das Lokal. Bisher hatten wir im heurigen Weihnachtsgeschäft relativ wenig Ärger mit Betrunkenen und Randalierern. Heute, am Freitag, dem 13., war es anders: Ein Gast klaute gleich eine Flasche Wein und lief davon, ein anderer kündigte dem Kellner an, dass er eine ganze Gruppe einladen würde, wollte aber, nachdem alle getrunken hatten, davon nichts mehr wissen.

Absolutes „No-Go“: Ein Gast machte sich über die „andere Hautfarbe“ eines „Josef“-Mitarbeiters lustig. Ich drohte, sofort die Musik abzudrehen, ihn und mit ihm auch seine 60-köpfige Gruppe rauszuschmeißen, sollten sie nicht respektvoll mit unseren Mitarbeitern umgehen. Einer aus der Gruppe entschuldigte sich für seinen Kollegen. Die Situation beruhigte sich wieder. 56 Mitarbeiter aus 14 Nationen mit sechs unterschiedlichen Religionen – das ist die „Josef“-Kampftruppe in dieser so verrückten Weihnachtszeit, sie vollbringt Unwahrscheinliches und hat es nicht verdient, belästigt zu werden.

Ein ganz großes Dankeschön an den großzügigen Gast, der unsere Crew gestern mit 600 Euro Trinkgeld erfreute. Neuer Rekord! (Bisheriger Rekordhalter war Frank Stronach mit 500 Euro!) Trinkgeld landet im „Josef“ übrigens in einem gemeinsamen Topf. Jeder, wirklich jeder einzelne Mitarbeiter bekommt seinen Anteil, und zwar nach einem von der Crew vorher festgelegten Schlüssel. Denn immerhin trägt auch jeder seinen Teil zum Gelingen bei – Abwäscher, Speisenträger und Schankbursche ebenso wie die Lehrlinge, die Köche, die Reservierungsmädchen und selbstverständlich die Kellner an der Front. Wenn in der Gastronomie auch oft über Arbeitszeiten und Stress geschimpft wird – in welchem anderen Job hat man sonst die Möglichkeit, das Monatsgehalt durch besonderen Einsatz zu verdoppeln bzw. zu verdreifachen ... und das steuerfrei?

Heute wieder Kekserlmarkt bis 17.00 Uhr, und das „Josef" mit Weihnachtsfeiern ausgebucht! Morgen Sonntag „Josef"-Sonntagsfrühstück. Sonntagabend die legendäre Band „Flamingos" beim Fünfuhrtee.

FEIERN, FEIERN, FEIERN

SAMSTAG, 14. Dezember, um 5:26 Uhr

Guten Morgen :-) Ich bin gerade eben zu Hause im Mühlviertel angekommen, habe eine Tasse heißen Ingwertee genossen. Bin zwar saumüde, aber das „Logbuchschreiben" ist schon fast Therapie für mich.

Ganz sicher war dies der stärkste Weihnachtssamstag. Wieder tausende Kekserlmarktbesucher, kein Plätzchen mehr im „Josef" zu bekommen. Mein Sohn Andreas, der Chef des Tagesteams, erzählt mir von immer mehr ungeduldigen Gästen. Nichts kann schnell genug gehen. Die Uhr unseres Computers zeigt uns die unbestechliche Wahrheit: Zwischen der Buchung des Getränks und dem Servieren liegen oft nur acht bis zwölf Minuten. Dennoch heißt es gleich: „Wir warten schon soooo lange!" Eindeutig: Weihnachten naht, Hektik überall!

Viele Kekserlbäuerinnen sind schon am frühen Nachmittag ausverkauft. In Gedanken sehe ich die ganzen Wochen ihre Backöfen glühen. 26 Euro für ein Kilo Vanillekipferl! Viel Geld? Mal nachmachen, dann weiß man, was das für eine Arbeit ist!

Auch der Linzer Zigarrenclub hatte heute seine Weihnachtsfeier im Kaffeehaus „Kaufmann's" im „Josef". Ich habe die Ehre, da Mitglied zu sein. Leider kam ich erst spät nach Mitternacht dazu, eine der großartigen rauchenden Köstlichkeiten zu genießen. Was, wenn mal wirklich ein Rauchverbot für Lokale kommt? Die Clubmitglieder müssen dann wohl im Untergrund ihre Zigarren genießen. Schade!

Ein dickes Minus für die 20 Gäste, die in unserer Bar gleich vier Tische reserviert hatten. Hunderten Gästen, die ebenfalls reservieren wollten, hatten wir zuvor abgesagt, viele, die spontan kamen und einen Platz suchten, wurden weggeschickt. Nach 30 Minuten Überzeit riefen wir an und fragten höflich, wann die 20 Leute denn endlich kämen. Ähhh ... das wird heute doch nichts, sie hätten etwas anderes vor und leider vergessen, sich bei uns zu melden.

Die 240 Gäste, für deren Weihnachtsfeier im nächsten Jahr wir keinen Platz mehr fanden, hatten jetzt doch noch Glück: Ein freier Samstag, an dem alle Gäste unterkommen, hat sich nun doch gefunden!

Allen Gästegruppen ab ca. 15 Personen, die im „Josef" ihre Weihnachtsfeier absolvierten, senden wir ein paar Tage nach der Feier ein Mail. Ob sie zufrieden waren und ob wir für sie im kommenden Jahr wieder einen Platz für die nächste Feier reservieren dürfen. Nur wenn diese „Stammgäste" absagen, geben wir die Plätze für neue Weihnachtsfeier-Gäste frei!

Tut mir übrigens leid, liebe Unbekannte, die mich in einem Antwortmail um die Telefonnummer eines Servicemitarbeiters fragte. Der junge, tüchtige Mann ist leider schon vergeben!

FLAMINGOS GESICHTET

SONNTAG, 15. Dezember, um 13:44 Uhr

Den ganzen Tag geschlafen und versucht, Kraft für die restlichen Tage zu sammeln. Fünfuhrtee mit der Unterhaltungsband „Flamingos" war wieder mal restlos ausgebucht, teilweise findet ja ein richtiger Kampf um die freien Sessel statt. Die „Flamingos" sind eine Legende, füllen jedes Mal mit ihren alten Songs unsere Hütte. Um 22.00 Uhr ist die Musik vorbei, und um 23.00 Uhr macht Erwin die Luken dicht. Rasch zugesperrt, damit auch die Mitarbeiter noch eine letzte Gelegenheit haben, sich für das große Finale zu erholen.

Das „Kaufmann's", das neue Kaffeehaus im „Josef", wird Montag abends ebenfalls geschlossen. Ansonsten wäre es unmöglich, allen unseren bereits ziemlich geschlauchten Mitarbeitern einen freien Tag zu geben. Ab Dienstag geht es mit letzter Kraft, aber mit Vollgas an die letzten Weihnachtsfeiern.

VORSICHT, BAUSTELLE!

MONTAG, 16. Dezember, um 2:18

Die letzte Woche hat begonnen! Verrückt, dass gerade jetzt, bei vollem Weihnachtsgeschäft, die Linzer Landstraße schon wieder aufgerissen wird! Drei unserer Mitarbeiter haben das Handtuch geworfen, ihre „Rucksäcke" müssen nun die restlichen Kollegen tragen! Unsere Stammcrew kennt das leider.

---

400 WIRTSHAUSTAPAS-TÜRME

DIENSTAG, 17. Dezember, um 1:10 Uhr

Noch sieben Tage! In einer Woche ist die Heilige Nacht vorbei. Wir fühlen uns wie an der letzten Steilwand kurz vor dem Gipfel. Unsere Mitarbeiter setzen sich Tag für Tag enorm ein, um ja jeden Gast zufriedenzustellen. Jeder einzelne unserer Gäste soll die Weihnachtsfeier im „Josef" in bester Erinnerung behalten. Schließlich wollen wir ja, dass alle im nächsten Jahr wieder kommen und wieder feiern. Die Umstände machen es uns aber nicht immer leicht. So hat jetzt plötzlich unser Mineralwasserlieferant Lieferschwierigkeiten bei den Großflaschen! Eine Weihnachtsfeier ohne Mineral – gibt's denn so was? Hoffentlich bekommen wir wenigstens noch ausreichend Steaks vom Fleischer. Gut abgelagert müssen sie sein. Ist der Kaviar für Silvester bestellt?

Mittwoch sechs Weihnachtsfeiern mit zwischen 15 und 45 Personen, auch Donnerstag ausreserviert. Und alle wünschen sich, dass der Freitag bald vorüber ist. Denn das wird der absolute Megatag: Rund 400 Wirtshaustapas-Türme à drei Tapas. Macht zusammen 1.200 Teller nur für die Tapas! Und natürlich soll jeder einzelne davon makellos und ein perfekter Genuss sein.

Im Weinkeller des „Josef" lagern an die 900 verschiedene Positionen. Ausnahmslos österreichische Spitzenweine, keine einzige Flasche „ausländischen". Bis auf einige Raritäten sind alle mit einem Fixaufschlag von 17 Euro kalkuliert. Ein Erlebnis für Weinfreaks.

Soeben habe ich ein Mail bekommen, warum wir das Restaurant heute schon um 1.00 Uhr früh statt wie üblich erst um 2.00 Uhr früh geschlossen haben. Die Erklärung ist ganz einfach: Unsere Mitarbeiter sind fast täglich mit enormem Einsatz für unsere Gäste da. Und wenn es mal früher aus ist, weil sich kein Gast mehr im Lokal befindet, dann gehen wir auch schon mal nach sieben Stunden Arbeit heim. Um Kraft zu tanken für jene Tage, an denen es später wird. Einer der letzten Spielräume für Gastronomen, in die man noch nicht mit behördlichen Regelungen eingegriffen hat.

WO NEHMEN DIE DIE KRAFT HER?

MITTWOCH, 18. Dezember, um 4:22 Uhr

Großartige Leistung unseres Teams, wo nehmen die nur die Kraft her …? Unser Fleischermeister Lackinger musste heute noch mal nachliefern.

Mir wird immer mehr bewusst, wie viel Menschen hier mein Weihnachts-Logbuch lesen. Freunde, Gäste und Gastrokollegen aus den USA, Indien, Tibet, Philippinen, Dubai, ja sogar Neuseeland, Bangkok, Bali usw. lesen mit. Sie melden sich immer öfter mit Kommentaren, Mails oder sie sprechen mich im Lokal auf die Berichte an. Inzwischen sind es mehr als 10.000 Facebook-Freunde, die Teil dieser Logbuch-Gemeinschaft sind. Wenn es mir mit meinen Beiträgen wirklich gelungen ist, ein wenig zu zeigen, was unsere Mitarbeiter zur Hochsaison in der Gastronomie leisten, und dann vielleicht nicht wegen jeder Kleinigkeit gleich geschimpft und/oder gepostet wird, dann hatte mein täglicher schriftstellerischer Einsatz im winterlichen Morgengrauen Sinn.

GRIPPETABLETTEN-VERTEILUNG

DONNERSTAG, 19. Dezember, um 5:16 Uhr

Jetzt wird es zach. Um Mitternacht hatte ich überlegt, mich mal kurz wo zum Schlafen hinzulegen. Konnte aber aufgrund der vollen Hütte leider kein ruhiges Plätzchen finden. Unsere Kellner verschwinden immer öfter auf eine Pausenzigarette ins Raucherkammerl, sogar die Nichtraucher! Immer öfter müssen unser Serviceleiter und ich unsere Servicemitarbeiter suchen. Durchhalten, Mädchen und Burschen, ich verstehe, dass ihr fertig seid, aber ... der Gast hat Hunger und Durst!

Ernst Zimmermann aus Hongkong, ein ganz großer der internationalen Hotelbranche, hat uns heute mit seiner Frau Debby besucht. Er ist gerade auf Weihnachts-Heimaturlaub in Stadl-Paura. Ernst begann als Kellner im legendären Hotel Greif in Wels und wurde schließlich Boss von Holiday Inn Asien mit mehr als 44.000 Mitarbeitern. Ernst ist der legendäre Hotelier, der das höchstgelegene Hotel in Lhasa eröffnete. Mit dem höchstgelegenen Pool der Welt! Ein genialer PR-Gag.

Ich verteile täglich Grippetabletten, schlucke selbst am meisten. Andreas, mein Sohn, hat sich etwas früher nach Hause verabschiedet, um ja nicht krank zu werden. Seine Stimme hat er fast schon verloren ... hoffentlich fällt er nicht aus. Die Küchencrew ist in den letzten Tagen zu einer richtigen Top-Crew geworden, große Aufgaben schweißen zusammen. Unser junger Küchenchef und sein Team leisten Großartiges, auch wenn sie alle schon ziemlich müde sind. Noch zwei starke Tage, Burschen, dann gibt es Champagner aus der größten Flasche, die im Haus ist!

Unsere „Kaufmann's"-Mädels bekomme ich jetzt fast nicht mehr zu sehen. Sie beginnen ja schon um 7.00 Uhr früh und schupfen unser Café. Bevor sie nach Hause gehen, decken sie das Café für unsere Abendveranstaltungen auf.

Noch um 5.00 Uhr früh haben wir alle gemeinsam unendliche Mengen Limetten für Mochito vorbereitet. Schließlich wollen wir für das große „X-Mas-Finale" am Abend gerüstet sein: 200 Gäste im Hauptraum, 70 im „Kaufmann's", 30 im Stüberl und 60 im „Josef". Ab 14.00 Uhr ist das „Josef" nur für die geschlossenen Veranstaltungen geöffnet. Zwei bis drei Mal im Jahr müssen wir mit der Situation fertigwerden, dass für unsere Stammgäste kein Platz ist. Ich hoffe, ihr entschuldigt dies? Wir empfehlen heute Abend unsere Kollegen Klosterhof, U-Hof, Remembar und Pianino. :-)

ES IST VOLLBRACHT!

FREITAG, 20. Dezember, um 6:17 Uhr

Der wahrscheinlich stärkste Tag des Jahres ist vorbei. Unvorstellbar: 200 Gäste um 18.00 Uhr, Apero, Tapas, Cocktails an der Bar, an die 700 Portionen, Buffet, Ansprachen, eine Queen Coverband aus Salzburg, diverse Ehrungen, ein gigantisches Dessertbuffet, 60 Gäste im „Kaufmann's", Apero, Wirtshaus-Tapas, Ansprachen, Buffet, Vorspeisen für 30 Personen im Stüberl, wieder Ansprachen, tolle Weinauswahl, 60 Gäste im JoSELF (Österreichs erstes „Do-it-yourself-Wirtshaus"), ein gelber Radiosender feierte mit gelb-schwarzen Cocktails und rauchendem Trockeneis, Wirtshaus-Tapas, noch mehr Ansprachen, Buffet, Dessertbuffet, Käse, DJs. – Vollgas auf allen Ebenen. Im Stress haben wir die Buffets verwechselt und bei den falschen Gästen aufgebaut. Keiner hat's gemerkt, allen hat's geschmeckt. Gläser fallen, es werden Großflaschen geöffnet, unsere Securitys müssen hunderte enttäuschte Gäste vom Eingang des „Josef" wegschicken, da wir ja leider eine geschlossene Veranstaltung haben.

Hunderte weitere Cocktails, Seiterl „Josef"-Bier, Weine aus der Doppelmagnum, schnell ein Mikro für Ansprachen. Der DJ im Nebenraum ist zu laut. Lange nach Mitternacht schmeißt unser Küchenchef die versprochene Flasche Schampus. Es werden vier. Getrunken wird aus dem großen Schöpflöffel. Jetzt wird endlich gefeiert!

Doch der wahre Star des Abends tritt erst jetzt auf … DJ Rodriguez, Superstar der DJ-Szene auf Ibiza, wird als Mitternachtseinlage angekündigt. Alle schreien und jubeln, innerhalb von Minuten ist die Bühne von hunderten Fans umringt. Kein Koch arbeitet mehr, alle Kellner stehen mit offenem Mund an der Bühne: DJ Rodriguez. „Ist das unser Weihnachtsgeschenk, Chef?", fragt einer.

Zwei Stunden heizt uns der verrückte Bursche ein, dann Autogrammstunde in der Küche … DJ Freudenton spielt Weihnachtssongs bis in die frühen Morgenstunden. Im JoSELF tanzen die Gäste auf den neuen Tischen. Einige liebe Gäste im „Kaufmann's" genießen kurz vor dem Frühstück noch eine Flasche Wein. Die Servicemannschaft hat bereits abgerechnet. Jemand besorgt vier Pizzen und wir genießen diese, während uns die Augen vor Müdigkeit zufallen.

Wir haben es geschafft, die paar Weihnachtsfeiern heute Samstag werden wir auch noch über die Bühne bringen. Ist ja nichts im Gegensatz zu dem, was wir in dieser Wahnsinnsnacht erledigt haben. Ich schlafe um 7.00 Uhr morgens ein und bin wieder mal zu müde, mein Logbuch fertig zu schreiben!

JETZT WIRD'S BESINNLICH

SAMSTAG, 21. Dezember, irgendwann um 6:00 Uhr früh!

Nach einem ausgiebigen Frühstück geht's runter ins „Josef" zum „X-Mas-Konzert" der Jupiters mit Panflöte, Spritzkerzerln und richtig besinnlicher Stimmung. Noch einmal mehrere kleine Weihnachtsfeiern, ein Modegeschäft im neuen JoSELF: Statt der reservierten 42 kommen nur 27 Gäste. Die Organisatorin ärgert sich sehr über die Unzuverlässigkeit ihrer Mitarbeiter. So sehr hatte sie sich um ein schönes Fest bemüht.

Höre gerade, dass das „Josef" zum Fünfuhrtee bereits wieder völlig ausgebucht ist. Inzwischen wurden auch schon einige Mitarbeiter angerufen, die eigentlich freihätten, aber ...

DANKE, LIEBE 54.000 GÄSTE

MONTAG/DIENSTAG, 23., 24. Dezember, irgendwann um 10:27 Uhr!

Ich habe in den letzten 24 Tagen viel erlebt: 16 Gästen mussten wir den „Josef"-Ausgang zeigen, drei Mal war die Polizei dazugefordert. Interessante Besuche haben wir erhalten von: Kriminalpolizei, Drogenabteilung, Feuerpolizei, Feuerwehr, Rettung, Rauchersheriff, Lebensmittelpolizei, Arbeitsinspektor, Baubehörde, einem durchaus sympathischen neuen Linzer Bürgermeister, Nikolaus und Krampus.

In der Weihnachtszeit wurden in unserem „Josef" von den rund 54.000 Gästen rund 27.000 Wirtshaus-Tapas-Portionen und an die 200 Dry-Aged-Steaks verdrückt. Ein herzliches Dankeschön an unsere Putzbrigade, die an die 30 Container Müll ablieferte. Danke unseren Lieferanten, die fast Unmögliches vollbracht haben, an unsere Wäscherei, die an die 30.000 Mundservietten reinigte und Danke an all unsere Mitarbeiter, die diese wieder kunstvoll gefaltet haben. Danke an meinen Sohn Andreas, der mit seinem Tagteam für einen genialen Einkauf sorgte, in der ganzen Zeit ging nie etwas aus. Dank an unsere Reservierungscrew, die tausende Reservierungsgespräche führte. Danke an unsere drei Perlen im „Kaufmann's", oft haben wir uns nicht gesehen. Danke meiner Frau, die ich im Dezember sehr selten gesehen habe und die dafür sorgte, dass nicht nur unser Essen schnell rausging, sondern auch die Rechnungen an die Weihnacht feiernden Firmen. Immerhin sind ja auch bald wieder Löhne und Lieferantenrechnungen zu zahlen. :-)

Die Menschen hier im „Josef" leisten wirklich Unwahrscheinliches. Nicht nur für ihren wohlverdienten Lohn, vielfach, um ganz einfach anderen Menschen Freude zu bereiten.

Sag vielleicht auch mal als Gast Danke dafür!

Zufriedenheit, Toleranz und Nächstenliebe
wünscht euch euer

„Josef"-Wirt
Günter Hager

An meinen Sohn: Mir reicht's!

Mir reicht's, ich will nicht mehr und ich kann dir diese Branche nicht empfehlen.

Mir reicht dieses tägliche Bangen um das Überleben des Unternehmens.

Mir reicht der ewige Kampf um die Einhaltung von unlösbaren Arbeitszeitvorschriften mit vorgeschriebenen Arbeitspausen, die meist zur Stoßzeit angesetzt sind.

Mir reicht's, ständig mit einem Fuß im Gefängnis zu stehen und permanent ein gefundenes Fressen für die Kontrollorgane von Arbeitsinspektorat und Gewerkschaft zu sein.

Mir reicht's, Gesetze einhalten zu müssen, die, mit gesundem Menschenverstand betrachtet, in der Praxis unmöglich einzuhalten sind.

Mir reicht's, immer darauf hoffen zu müssen, von keinem Kontrollorgan, keinem unzufriedenen Mitarbeiter, keinem Rauchersheriff und keinem anderen Hobbypolizisten angezeigt zu werden.

Mir reicht's. Deshalb warte ich in manchen verzweifelten Momenten darauf, dass jemand kommt und uns eine ordentliche Summe für unseren Betrieb anbietet. Unser Betrieb, der uns ans Herz gewachsen ist, ja, eigentlich gut geht und gesund ist, wenn da nicht all die Schikanen und Hindernisse wären, von denen ich in diesem Buch erzähle.

Andererseits – diese Momente, wenn es läuft! Wenn Gäste begeistert sind und einen unbeschwerten Abend genießen. Wenn die Kellner eifrig durchs Lokal sausen, in der Küche der Schmäh rennt und ich in all diesem wunderbaren Getriebe wieder wirklich Wirt sein kann. Wenn ich an diese Momente denke, dann könnte ich mir vorstellen, dass du, mein Sohn, ja vielleicht doch deine Zukunft findest in der aufregendsten, verrücktesten und herausforderndsten Branche der Welt: in der FUCKING GASTRO!

Aufgelesen: Sager, Sprüche, Weisheiten

Wenn du am Boden liegst, dann erlaube niemandem, dich aufzuheben. Es geht nicht darum, wie lange du da liegst. Geh nur sicher, dass du dich selbst wieder hochholst und dich abstaubst. Egal was passiert, ob du heute nach Hause gehst oder ob du nicht nach Hause gehst, das ist irrelevant. Relevant ist, dass du das Wissen aus deinen Erfahrungen saugst und dadurch wächst, als Koch und als Person.

Marco Pierre White, britischer Starkoch, Gastronom, TV-Koch, Kochbuchautor

Es ist nicht schwer, die Fähigkeiten zu erlernen. Das Glück, die Zufriedenheit und Selbstverwirklichung darin zu finden, anderen Menschen gutes Essen zu servieren, ist es, was ein richtig gutes Restaurant ausmacht.

Mario Batali, US-Starkoch, Gastronom, TV-Koch, Kochbuchautor

Viele Menschen haben das Essen verlernt – sie können nur noch schlucken.

Paul Bocuse, französische Kochlegende

Ich sage immer, dass ich nicht glaube, dass ich ein Koch bin. Ich versuche, ein Geschichtenerzähler zu sein.

Jose Andrés, US-mexikanischer Starkoch, Gastronom, TV-Koch, Kochbuchautor

Wir hoffen, erfolgreich zu sein. Wir verkraften Fehlschläge. Jedoch wollen wir niemals zwischen diesen beiden Dingen liegen.

David Chang, US-Starkoch, Gastronom, TV-Koch, Kochbuchautor

Nur wer seinen eigenen Weg geht, kann von niemandem überholt werden.

Marlon Brando, US-Schauspieler

Wenn du ein großartiger Koch werden willst, musst du mit großartigen Köchen zusammenarbeiten. Genau das habe ich gemacht.

Gordon Ramsay, britischer Starkoch, Gastronom, TV-Koch, Kochbuchautor

Als ein Gast den Haubenwirt fragte, ob die Innereien vom angepriesenen Weidelamm auch frisch seien, ging der Wirt aus dem Restaurant in den Kühlraum, kam etwas später zurück mit einem ganzen gehäuteten Lamm auf den Schultern, hängte es auf einen Kleiderhaken, zog das mitgebrachte Fleischmesser, wetzte es und schnitt die beiden Nieren des fachmännisch geschlachteten und ausgeweideten Lammes heraus! Schaute dem Gast tief in die Augen und fragte: „Frisch genug?"

Aus dem Web

Fast schon verwunderlich, dass es in Österreich nicht ein Online-Ladenschlussgesetz gibt, das den Onlinehandel nach 20 Uhr und an Sonn- und Feiertagen verbietet.

Aus dem Web

Monsanto sucht um Patent auf Gemüse an! Das heißt, wir zahlen in Zukunft Lizenz auf Salat, Suppe und Hauptspeise?

Aus dem Web

Wenn du erkennst, dass es so etwas wie perfektes Essen nicht gibt, sondern nur die Idee davon, dann wird der wahre Zweck nach dem Streben nach Perfektion klar: Menschen glücklich machen, das ist alles, worum es beim Kochen geht.

Thomas Keller, US-Starkoch, Gastronom, TV-Koch, Kochbuchautor

Jedes Mal, wenn ich Leonardo da Vincis Wandgemälde „Das Abendmahl" sehe, stelle ich mir vor, wie Jesus so in ein Restaurant geht …
Jesus: „Guten Abend, wir hätten gern einen Tisch für 26 Personen."
Kellner: „Äh, aber Sie sind doch nur 13 Leute."
Jesus: „Ja, aber wir würden supergern alle auf einer Seite sitzen."

Aus dem Web von: André M. Hünseler

Ich sag jedem Lehrling und Schüler, dass der wichtigste Kurs, den er besuchen kann, Technik ist. Ein guter Koch ist ein großartiger Techniker. Egal ob du ein Juwelier, ein Chirurg oder ein Koch bist, du musst wissen, was du in deiner Hand hast. Du musst die Prozesse lernen. Du lernst es durch unendliche Wiederholungen, bis sie Teil von dir selbst sind.

Jacques Pepín, französischer Starkoch, Gastronom, TV-Koch, Kochbuchautor

Als ich angefangen habe, bei euch zu arbeiten, war ich alleine, jetzt habe ich eine Familie!

Boris, Kroate und Mitarbeiter im „Josef"

Wir müssen uns heutzutage schon mehr um die Behörden kümmern als um unsere Kunden.

Prof. Dr. Hans-Jürgen Quadbeck-Seeger, deutscher Chemiker

Das schlechte Wahlergebnis der Regierungsparteien jetzt auf die Flüchtlingskrise und die Meinungsforschung zu schieben, ist einfach dumm. ... Wenn man sich zum Beispiel mit den Wirten als Meinungsbildner anlegt ... ist das keine besonders gute Idee!

Wolfgang Bachmayer, Meinungsforscher, im ZIB 2-Gespräch

Meine Philosophie vom ersten Tag an war es, dass ich am Abend besser einschlafen kann, wenn ich die Fähigkeiten und das Wissen über Essen eines anderen verbessere und das jeden Tag.

Emeril Lagasse, US-Starkoch, Gastronom, TV-Koch, Kochbuchautor

Besser als langes Leiden ist sicherer Tod!

Karl Reiter (österreichischer Hotelier) zum Thema „Wirtshaussterben"

Zur Meinungsfreiheit gehört auch der Respekt vor Andersdenkenden!

Norbert Bolz, deutscher Kommunikationswissenschafter

Es gibt bei uns Vorschriften-Wahn und Kompetenz-Wirrwarr. Alle sind für alles zuständig, aber keiner will verantwortlich sein.

Hannes Androsch, Industrieller und ehemaliger Politiker (Quelle: OÖ Nachrichten)

Insgesamt bin ich dankbar für alles, auch wenn ich ein bescheidenes Leben führe. Mein Auto ist 25 Jahre alt, ich fahre nie auf Urlaub. Aber ich denke mir: Der Unterschied zwischen Wirtinnen und Krankenschwestern ist gar nicht so groß. Auch ich diene anderen Menschen und möchte, dass es ihnen besser geht. Ich höre meinen Gästen zu, lache mit ihnen oder tröste sie.

Theresia Grafinger, Wirtin (Quelle: OÖ Nachrichten)

Wir leben in einem Dickicht von Vorschriften und Bestimmungen, in welchen alles Mögliche festgelegt und geregelt ist. Sind wir uns bewusst, dass viele von ihnen uns ein Stück Entscheidungsfreiheit rauben? So leben wir in einem immer enger werdenden Kreis von Entfaltungsmöglichkeiten, und das ist genau das, was das Entstehen großer Persönlichkeiten behindert, ja verhindert.

Paul Schibler, Schweizer Aphoristiker

Wenn es nicht notwendig ist, ein Gesetz zu machen, dann ist es notwendig, kein Gesetz zu machen.

Charles Baron de Montesquieu,
französischer Schriftsteller

Wir hätten bei eurem Besuch bei Vizekanzler Dr. Reinhold Mitterlehner doch auf euch hören sollen. Da hätten wir uns viel Ärger erspart ...!

Ein hochrangiger Beamter aus dem Finanzministerium an die streitbaren Wirte aus Oberösterreich

Vorschriften sind Maßnahmen zur Verhinderung von Leistungen.

Peter Becker, deutscher Informatiker

Zuerst ignorieren sie dich, dann lachen sie über dich, dann bekämpfen sie dich und dann gewinnst du.

Mahatma Gandhi

Im verdorbensten Staat gibt es die meisten Gesetze.

Publius Cornelius Tacitus, römischer Historiker

Involviert zu sein, direkt an vorderster Front beobachten zu können und so viel zu absorbieren, wie du kannst, macht es einfacher, zu definieren, was du überhaupt willst. Es wird dich auch zu einem besseren Koch machen. Schule oder Kurse sind auch nicht schlecht.

Giada De Laurentiis, US-Starköchin, Gastronomin, TV-Köchin, Kochbuchautorin

Frage an die Internet-Gemeinde:
Ist es korrekt, während der Arbeitszeit zum Frisör zu gehen?

Hier einige Antworten:
Sicher, bei einem Acht-Stunden-Tag entstehen schließlich zwei Drittel des Haarwachstums in der Arbeitszeit.

Ist doch normal, wenn du während der Arbeitszeit zum Frisör gehst. Allerdings solltest du beachten, dass die Frisöre während ihrer Arbeitszeit vielleicht auch gerade zum Einkaufen sind, oder mal eben zum Fleischhauer, oder Behördengänge machen, oder …

Man verkauft dem Chef seine Arbeitskraft gegen Entgelt – Frisörbesuch während der Arbeitszeit ist beim derzeitigen Stand des Arbeitsrechts nicht legal.

Ist nur dann korrekt, wenn du deine Logik deinem Chef richtig gut rüberbringen kannst. Viel Glück!

Freiheit ist das Recht, anderen zu sagen, was sie nicht hören wollen.
George Orwell, englischer Schriftsteller

Schlussgedanken nach 45 Jahren „an der Front" und rund 70 Storys FUCKING GASTRO.

Was da war, und was da vielleicht einmal sein wird

Da war meine Frau, die mir – wohl zu Recht – immer wieder Vorwürfe machte, dass mir die Gäste wichtiger wären als unser Privatleben.

Da war unser Sohn Andreas, der sich mit Händen und Füßen dagegen wehrte, wieder mal bei Onkel, Tante oder Großmutter abgegeben zu werden, weil unser Haubenrestaurant den vollen Einsatz forderte.

Da war der seit Jahren treue Lieferant und Handwerker, der zum x-ten Mal vorsichtig nachfragte, wann er mit der Überweisung des so lange ausständigen Geldes rechnen dürfe. Wie sollte er verstehen, dass unser Umsatz zwar gigantisch ausgefallen war, aber der Gewinn aufgrund des enormen Aufwandes, der Steuern, der Abgaben und der Schulden lächerlich klein blieb?

Da waren die zahlreichen Möglichkeiten, aus regionalen und ehrlichen Lebensmitteln kulinarische Köstlichkeiten zuzubereiten. Ich durfte damit Menschen Freude bereiten und in manchen besonderen Momenten auch Botschafter meiner Heimat sein.

Da war der Internet-Täter, der einen Shitstorm über unser Wirtshaus entfachte, weil der ungelernte Mitarbeiter, den wir aus einer Notlage heraus kurzfristig eingestellt hatten, zum wiederholten Male das Gebäck zum Gulasch vergaß.

Da waren die – bis heute andauernden – wunderbaren und festen Freundschaften mit so vielen Menschen, die ich durch meinen Beruf kennengelernt habe.

Da war die Stellenbewerberin – die dritte innerhalb einer Woche! –, die es vorzog, doch noch etwas länger auf Kosten des arbeitenden Teils der Bevölkerung ihr Arbeitslosengeld zu kassieren und deshalb nicht zum fix vereinbarten Vorstellungstermin erschien.

Da waren die Politiker, denen Unsummen unserer mühsam verdienten Steuergelder durch die Finger geronnen waren und die deshalb auf die Idee kamen, die Finanzlücken durch die Erfindung neuer Steuern für die Gastrobranche zu stopfen.

Da waren die Staatsmänner, Politiker, Bonzen und Behördenvertreter, die die Gastfreundschaft der Wirtinnen und Wirte wie selbstverständlich in Anspruch nahmen und dabei gleichzeitig die unglaublichsten Auflagen und Behördenfallen erfanden.

Da waren die großartigen Begegnungen mit Robbie Williams, Curd Jürgens, Ex-US-Präsident Jimmy Carter, meinem langjährigen Freund Frank Stronach, dem Sultan von Brunei und vor allem mit Seiner Heiligkeit, dem Dalai-Lama. Menschen, die ich allesamt ohne meinen wunderbaren Job als Koch und Wirt nicht kennengelernt hätte.

Da war meine in letzter Zeit immer wieder aufkeimende Hoffnung, vielleicht doch einen Käufer für das eigene Gastrounternehmen zu finden und den letzten Lebensabschnitt auf der anderen Seite der Bar zu genießen. Und da war die Zerstörung eben dieser Hoffnung, da sich – außer undurchsichtiger „ Geldwäscherpartien" – wohl heute kaum jemand mehr findet, der den „Traumjob Wirt" mit allen Konsequenzen auf sich nehmen will.

Da waren die Kinder der Wirtsleute – Nachfolger und Erben eines jahrhundertealten österreichischen Kulturgutes –, die sich bei allem, was sie täglich sahen, jeden noch so verrückten Job für sich vorstellen konnten, nur nicht jenen ihrer Eltern.

Da waren die hunderttausenden zufriedenen und treuen Gäste, die sich in all den Jahren bei mir wohlgefühlt und ein Stück Zuhause gefunden haben.

Und da war letztlich meine Entscheidung, ein Buch über das alles zu schreiben. Über die Besessenheit, die Leiden, die Ärgernisse und die Freuden, die dieser für mich trotz allem schönste Beruf der Welt mit sich bringt. Warum? Um meinen Kolleginnen und Kollegen zu zeigen, dass viele in der Branche ihre Gedanken teilen, und um den lieben Gästen einen kleinen Blick hinter die Kulissen des FUCKING GASTRO-Alltags zu bieten.

Günter Hager, Wirt

Günter Hager: Fakten & Stationen

Zur Person
Geboren 1955 in Wels, aufgewachsen in Viechtwang bei Scharnstein im Almtal, wohnhaft im Mühlviertel, verheiratet mit Monika, Sohn Andreas.

Hobbys
Reisen, tibetische Kultur, Fotografieren, Gartenkunst, gute Weine

Lebensphilosophie
Anderen Menschen Freude bereiten

Lebensziel
Ausgeglichen zu sein

Ausbildung
» Kochlehre
» Küchenmeisterprüfung mit Auszeichnung
» Konzessionsprüfung
» Zahlreiche Trainingslehrgänge bei int. Topköchen
» Feng-Shui-Ausbildung
» Reiki-Ausbildung
» Prozessbegleiterlehrgang bei August Höglinger

Karrierestationen
» Bahnhofsrestaurant Wels
» Sonnenhof in Gmunden
» Skischule Hinterstoder – Landesskilehrer
» Restaurant Rosenberger in St. Valentin
» Hotel Zenzerwirt in Hippach im Zillertal
» Hotel Philipp in Seefeld (Küchenchef)
» Hotel Schloss Dürnstein in Dürnstein/Wachau (Küchenchef)
» Hotel Schillerpark, Casino Linz (Souschef/Küchenchef)
» Stephanskeller in Konstanz / Bertold Siber
(1 Stern Guide MICHELIN, 2 Hauben Gault&Millau)
» Casino-Restaurant Gala in Aachen / Gerhard Gartner
(1 Stern Guide MICHELIN, 3 Hauben Gault&Millau)
» Hilton in Wien / Werner Matt (2 Hauben Gault&Millau)
» Restaurant Allegro in Linz (Pächter, erstes Haubenrestaurant von Linz, 2 Hauben Gault&Millau)
» Restaurant Stadtwirt in Linz (Pächter)

» Stadtcafe im Amadeus in Linz (Pächter)
» Stadtbräu „Josef" in Linz (Pächter)
» „Kaufmann's" Kaffeehaus in Linz (Pächter)

Soziale Projekte
Bau von zwei tibetischen Waisenhäusern „Home Josef 1" und „Home Josef 2" sowie Bau eines Altersheimes „Home Josef 3" für 100 tibetische Bergnomaden in Leh/Ladakh

Auszeichnungen/Höhepunkte
» 18 Goldmedaillen bei internationalen Kocholympiaden und Buffetwettbewerben
» Wirtschaftspreis der Stadt Linz
» Goldene Kochhaube Österreich
» Goldene Roulette-Kugel Casinos Austria
» Restaurant Allegro (2 Hauben/Gault&Millau)
» OÖ Marketingpreis
» Silbernes Verdienstzeichen des Landes Oberösterreich
» Sieben Audienzen und persönliche Treffen mit dem Dalai-Lama

Gekocht für ...

... Veranstaltungen wie
» Opernball im Holiday Inn in Peking, China
» Österreich-Abend der Wiener Philharmoniker im Hotel Furama in Hongkong
» Österreich-Empfang der Wiener Philharmoniker im Hotel Sutton Place in Toronto, Kanada (1989)
» Staatsempfang des amerikanischen Präsidenten Jimmy Carter im Hotel Schloss Dürnstein, Wachau (1979)

... Persönlichkeiten wie
» Bundespräsident Kurt Waldheim » Thomas Gottschalk » Rudi Carrell » Curd Jürgens » Charlton Heston » Frank Stronach » Sultan von Brunei » Udo Jürgens » Niki Lauda » Bundespräsident Klestil » Ottfried Fischer » Bernie Ecclestone » Christina Stürmer » Waterloo & Robinson » Josef Hader » Karl Merkatz » Hermann Maier » Josef Prokopetz » Thomas Muster » René Gabriel » Franz Klammer » Hubert von Goisern » Gerhard Haderer » Robbie Williams ...

LWmedia
VERLAG

Die besten Alpingeschichten

Edi Koblmüller (1946–2015), Achttausender-Pionier und Urgestein der „wilden" Bergsteigerzeit, verfasste für das österreichische Outdoormagazin LAND DER BERGE fast 25 Jahre lang die Alpinkolumne GRIFFIG. In unerreicht scharfzüngiger, ironischer, oft witziger Weise analysierte er die Strömungen, Trends und (Fehl-)Entwicklungen des Alpinismus.

Einzelpreis € 19,90
zzgl. Versandkosten

BESTELLUNGEN
mit dem Betreff „griffig" an office@lwmedia.at
oder per Fax: +43 2732 82000-82
oder telefonisch: +43 2732 82000-10

Erhältlich auch im gut sortierten Buchhandel.
ISBN 978-3-9504163-0-5

LWmedia
VERLAG

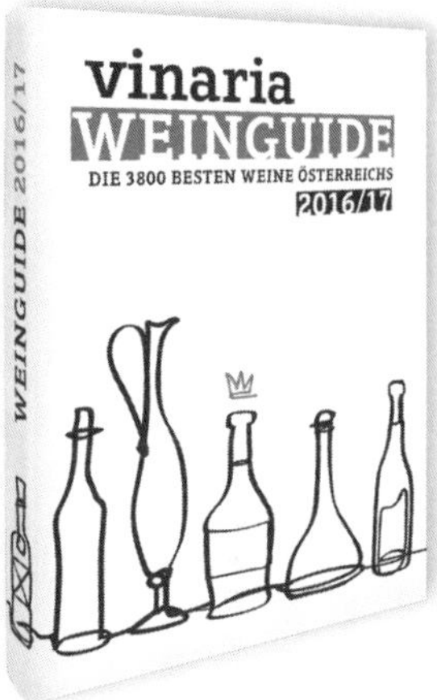

Die besten Weine Österreichs

Rund 400 heimische Spitzenwinzer, mehr als 3800 hochqualitative Weine aus Österreich. Dank der einzigartigen Recherche mit persönlichen Winzerbesuchen bietet der VINARIA WEINGUIDE neben ausführlichen Weinbeschreibungen und präzisen Bewertungen auch jede Menge Hintergrundstorys und Neuigkeiten über die besten Winzer und Weine Österreichs.

Einzelpreis € 16,90
zzgl. Versandkosten

BESTELLUNGEN
mit dem Betreff „weinguide" an office@lwmedia.at
oder per Fax: +43 2732 82000-82
oder telefonisch: +43 2732 82000-10

Erhältlich auch im gut sortierten Buchhandel.
ISBN 978-3-9504163-1-2

LWmedia
VERLAG

Vinaria
Österreichs Zeitschrift für Weinkultur

Die umfangreichsten und seriösesten, weil anonym durchgeführten Degustationen des Landes bilden die Kernkompetenz des Magazins. Reportagen, Portraits, Weinwissen, Weinreisen und Wein zum Essen runden den Themenbogen ab. Das junge Ressort „Vinaria Gourmet" ergänzt die Weinkompetenz perfekt mit anspruchsvollen Kulinarik-Beiträgen.

1-Jahres-Abo
Vinaria € 39,– *(EU-Ausland € 55,–)*
*+ VINARIA WEINGUIDE 2016/17 KOSTENLOS**

BESTELLUNGEN
mit dem Betreff „vinaria" an office@lwmedia.at
oder per Fax: +43 2732 82000-82
oder telefonisch: +43 2742 802-1206

** Vorbehaltlich Preiserhöhungen*